北京大學《儒藏》編纂與研究中心 編

《儒藏》精華編選刊

鹽鐵論

〔西漢〕桓寬 撰
竇炎國 校點

北京大學出版社
PEKING UNIVERSITY PRESS

圖書在版編目(CIP)數據

鹽鐵論 / （西漢）桓寬撰；北京大學《儒藏》編纂與研究中心編. --北京：北京大學出版社，2025.5. --（《儒藏》精華編選刊）. --ISBN 978-7-301-36181-8

Ⅰ. F092.2

中國國家版本館CIP數據核字第2025DJ3009號

書　　名　鹽鐵論
　　　　　YANTIELUN
著作責任者　〔西漢〕桓寬 撰
　　　　　竇炎國 校點
　　　　　北京大學《儒藏》編纂與研究中心 編
策劃統籌　馬辛民
責任編輯　盧　旭　魏奕元
標準書號　ISBN 978-7-301-36181-8
出版發行　北京大學出版社
地　　址　北京市海淀區成府路205號　100871
網　　址　http://www.pup.cn　新浪微博：@北京大學出版社
電子郵箱　編輯部 dj@pup.cn　總編室 zpup@pup.cn
電　　話　郵購部 010-62752015　發行部 010-62750672
　　　　　編輯部 010-62756694
印 刷 者　三河市北燕印裝有限公司
經 銷 者　新華書店
　　　　　650毫米×980毫米　16開本　11.25印張　133千字
　　　　　2025年5月第1版　2025年5月第1次印刷
定　　價　48.00元

目録

校點説明

《鹽鐵論》十卷，西漢桓寬撰。桓寬字次公，汝南（今河南上蔡）人。嘗治《公羊春秋》，博通善屬文。宣帝時舉爲郎，官廬江太守丞。

《鹽鐵論》是一部記録西漢昭帝始元六年（公元前八一年）鹽鐵會議内容的著名典籍。漢高帝劉邦建漢後，實行分邦建國之策，以求維持大局的統一和穩定。他在位七年，實行「與民休息」的方針，對内建制治吏、力農抑商，對外忍辱和親、整備邊防。繼任者惠帝、文帝、景帝大體沿襲了高帝的方針。經過五六十年的休養生息，漢王朝日漸富强。公元前一四〇年，漢武帝繼位，憑藉前期積累的財富和已達成的政治統一，他在五十多年時間中對外用兵、擴張疆土，對内興作、多所創建，造就了一個前所未有的極盛時期。但是，漢武帝時期的繁盛是以「海内虚耗，户口減半」爲代價的。由此就形成了一個現實的政治問題，即應當如何評價漢武帝時期的内外政策，以及漢武帝之後又該如何治國安邦。漢昭帝劉弗陵繼位後的第六年，經大司馬、大將軍霍光策劃，由丞相田千秋主持，在年幼的昭帝殿前召開鹽鐵會議，問治亂對策。群臣争辯對訟，各執一詞，互不相讓。這場争辯和對策的言論被記録下來，便成爲後來流傳的《鹽鐵論》的基本内容。至漢宣帝時（公元前七三至公元前四九年），桓寬在鹽鐵會議記録的基礎上推衍增廣，設爲問答，成一家之言。

鹽鐵會議期間，賢良、文學六十餘人以周公、孔、孟之論爲依據，俱稱願罷郡國鹽、鐵、酒榷、均輸。御史大夫桑弘羊等則以漢武帝實行鹽、鐵官營有利於邊防爲由，堅決反對罷郡國鹽、鐵、酒榷、均輸。雙方的不同主張充分展示了西漢上層社會兩種對立的治國思路。這兩種對立的主張，在中國歷史上很長一段時期中一直被判定爲是王、霸之争。其實，這兩派雖從言辭和旨趣上看判若水火，但本質上都是站在維護西漢王朝的立場上來應對策論，都力圖成功地解決威脅西漢王朝生存的棘手難題。事實上，雙方的主張均有其相對合理之處，同樣也存在各自的缺陷和盲區。因此，在争執過程中雙方幾乎是誰也説服不了誰。但是，從當時的政治現實狀況和民族利益的立場來判斷，以御史大夫桑弘羊爲代表的政治主張無疑具有更强的針對性和現實性。賢良、文學們針砭時弊十分敏鋭，但他們的政治主張則帶有明顯的理想主義色彩，缺少現實可行性。所以，鹽鐵會議的策劃者霍光和主持者田千秋一方面聽取并采納了賢良、文學的一些主張，另一方面則繼續秉持和實行漢武帝時期的大政方針。

《鹽鐵論》，《漢志》著録凡六十篇，唐宋以來官私書目著録皆爲十卷，篇數亦相合。「其書在宋嘗有板刻，歷世既久，寖以失傳，人亦少有知者。」（明弘治十四年刻本吴郡都穆序）明弘治十四年（一五〇一），江陰令新淦涂禎據宋嘉泰壬戌刻本翻刻，每半葉十行，行二十字。自明以來，以此刻本爲最善（丁日昌《持静齋書目》所稱之宋本，傅增湘考其爲明正德、嘉靖間刻本。另有江建霞所藏《新刊鹽鐵論》號稱爲元本，傅增湘考其爲「麻沙坊市陋刻，減工射利，任意删落，毫不足取信」）。其後各本多源於涂禎翻刻本，如明攖寧齋鈔本、錫山華氏活字本、太玄書室藏本、胡維新《兩京遺編》本、嘉靖倪邦彦校本等。涂刻本世所罕見，清嘉慶十二年，陽城張敦仁取涂本重刊，附以考證，以廣其傳。《四部叢刊初編》所收《鹽鐵論》，係借長沙葉德輝藏本影印，并據葉氏所説自注乃明涂禎本。是本半葉九行，行十八字，傅增湘《雙鑒樓藏書續記》已辨其非，斷爲明正德、嘉靖間刻本。以上諸本皆爲十卷本。明嘉靖間，雲間張之象有《鹽鐵論》注本，析爲十二卷。清王謨輯《增訂漢魏叢書》重刻之，《四庫全書》所收亦爲此本。張之象注本變動舊式，竄易字句，前人多有所譏。清盧文弨《群書拾補》曾以《永樂大典》所載《鹽鐵論》文字及涂刻本校張之象注本，頗有是正。

此次校點，以《中華再造善本》影印國家圖書館藏明弘治十四年涂禎刻本爲底本，以《四部叢刊初編》影印葉德輝所藏明正德、嘉靖間刻本（簡稱正嘉本）、明嘉靖三十二年張氏猗蘭堂刻張之象注《鹽鐵論》十二卷本（簡稱張注本）、中華書局據抱經堂叢書本排印清盧文弨《群書拾補》（簡稱《拾補》）及其中所收《永樂大典》本《鹽鐵論》的相關文字（簡稱大典本）爲校本，參考張敦仁《鹽鐵論考證》（簡稱張校）、王先謙《鹽鐵論校勘小識》（簡稱王校）以及《通典》（中華書局據原商務印書館萬有文庫十通本重印）、《群書治要》（中華書局據連筠簃叢書本排印）、《太平御覽》（中華書局據上海涵芬樓影印宋本複製重印）等典籍中有關《鹽鐵論》的文字，參校本還有胡維新《兩京遺編》本、王謨《增訂漢魏叢書》本等。同時參考和吸取了中華書局《鹽鐵論校注（定本）》（王利器校注，《新編諸子集成》第一輯，一九九二年，簡稱王利器本）的成果。校勘遵循通例，主要出示有參考價值的異文，希望能給讀者提供一個較爲可靠的文本。

校點者　竇炎國

鹽鐵論卷第一

漢桓寬撰

本議第一

惟始元六年，有詔書使丞相、御史與所舉賢良、文學語，問民間所疾苦。

文學對曰：「竊聞治人之道，防淫佚之原，廣道德之端，❶抑末利而開仁義，毋示以利，然後教化可興，而風俗可移也。今郡國有鹽、鐵、酒榷、均輸，與民争利。散敦厚之樸，成貪鄙之化。是以百姓就本者寡，趨末者衆。夫文繁則質衰，末盛則本虧。末修則民淫，❷本修則民慤。民慤則財用足，民侈則飢寒生。願罷鹽、鐵、酒榷、均輸，所以進本退末，廣利農業，便也。」

大夫曰：「匈奴背叛不臣，數爲寇暴於邊鄙，備之則勞中國之士，不備則侵盗不止。先帝哀

❶「道德」，《通典》作「教道」。

❷「淫」，《通典》作「侈」。

邊人之久患，苦爲虜所係獲也，故修障塞，飭烽燧，屯戍以備之。邊用度不足，故興鹽、鐵，設酒榷，置均輸，蕃貨長財，以佐助邊費。今議者欲罷之，内空府庫之藏，外乏執備之用，使備塞乘城之士飢寒於邊，將何以贍之？罷之不便也。」

文學曰：「孔子曰：『有國有家者，不患寡而患不均，不患貧而患不安。』故天子不言多少，諸侯不言利害，大夫不言得喪。畜仁義以風之，廣德行以懷之。是以近者親附而遠者悦服。故善克者不戰，善戰者不師，善師者不陣。修之於廟堂而折衝還師，王者行仁政，無敵於天下，惡用費哉！」

大夫曰：「匈奴桀黠，擅恣入塞，犯厲中國，殺伐郡縣、朔方都尉，甚悖逆不軌，宜誅討之日久矣。陛下垂大惠，哀元元之未贍，不忍暴士大夫於原野，縱然被堅執鋭，❶有北面復匈奴之志，又欲罷鹽、鐵、均輸，憂邊用，❷損武略，無憂邊之心，於其義未便也。」

文學曰：「古者貴以德而賤用兵。孔子曰：『遠人不服，則修文德以來之。既來之，則安之。』今廢道德而任兵革，興師而伐之，屯戍而備之，暴兵露師，以支久長，轉輸糧食無已，使邊境

---

❶「縱然」，王校以「縱」爲衍文，王利器本改「然」爲「難」。

❷「憂」，王利器本改作「擾」。

之士飢寒於外，百姓勞苦於內。立鹽、鐵，始張利官以給之，非長策也，故以罷之爲便也。」

大夫曰：「古之立國家者，開本末之途，通有無之用。市朝以一其求，致士民，聚萬貨，農、商、工、師各得所欲，交易而退。《易》曰：『通其變，使民不倦。』故工不出則農用乖，❶商不出則寶貨絶。農用乏則穀不殖，❷寶貨絶則財用匱。故鹽、鐵、均輸，所以通委財而調緩急，罷之不便也。」

文學曰：「夫導民以德則民歸厚，示民以利則民俗薄。俗薄，則背義而趨利；趨利，則百姓交於道而接於市。老子曰：『貧國若有餘。』非多財也，嗜慾衆而民躁也。是以王者崇本退末，以禮義防民欲，實菽粟貨財。市，商不通無用之物，工不作無用之器。故商所以通鬱滯，工所以備器械，非治國之本務也。」

大夫曰：「《管子》云：『國有沃野之饒而民不足於食者，器械不備也；有山海之貨而民不足於財者，商工不備也。』隴、蜀之丹漆旄羽，荊、揚之皮革骨象，江南之柟梓竹箭，燕、齊之魚鹽旃裘，兗、豫之漆絲絺紵，養生送終之具也，待商而通，待工而成。故聖人作，爲舟楫之用以通川谷，

❶「乖」，大典本作「乏」。
❷「用乏」，張注本作「不出」。

服牛駕馬以達陵陸，致遠窮深，所以交庶物而便百姓。是以先帝建鐵官以贍農用，開均輸以足民財。鹽、鐵、均輸，萬民所戴仰而取給者，罷之不便也。」

文學曰：「國有沃野之饒而民不足於食者，工商盛而本業荒也；有山海之貨而民不足於財者，不務民用而淫巧衆也。故川源不能實漏巵，山海不能贍溪壑。是以盤庚萃居，❶舜藏黄金，高帝禁商賈不得仕宦，所以遏貪鄙之俗而醇至誠之風也。排困市井，防塞利門，而民猶爲非也，况上之爲利乎？傳曰：『諸侯好利則大夫鄙，大夫鄙則士貪，士貪則庶人盗。』是開利孔爲民罪梯也。」

大夫曰：「往者郡國諸侯各以其物貢輸，往來煩雜，❷物多苦惡，或不償其費。故郡置輸官以相給運，而便遠方之貢，故曰均輸。開委府于京，以籠貨物，賤即買，貴則賣，是以縣官不失實，商賈無所貿利，❸故曰平準。平準則民不失職，均輸則民齊勞逸。故平準、均輸，所以平萬物而便百姓，非開利孔爲民罪梯者也。」

❶「萃」，大典本作「莘」。

❷「雜」，《拾補》作「難」。

❸「貿」，張注本作「牟」。

文學曰：「古者之賦稅於民也，因其所工，不求所拙。農人納其獲，女工效其功。❶今釋其所有，責其所無，百姓賤賣貨物以便上求。間者，郡國或令民作布絮，吏恣留難，❷與之爲市。吏之所入，非獨齊、陶之縑，蜀、漢之布也，亦民間之所爲耳。行姦賣平，❸農民重苦，女工再税，未見輸之均也。縣官猥發，闔門擅市，則萬物並收。萬物並收則物騰躍，騰躍則商賈侔利，自市則吏容姦豪。而富商積貨儲物以待其急，輕賈姦吏收賤以取貴，未見準之平也。蓋古之均輸，所以齊勞逸而便貢輸，非以爲利而賈萬物也。」

力耕第二

大夫曰：「王者塞天財，禁關市，執準守時，以輕重御民。豐年歲登，則儲積以備乏絶；凶年惡歲，則行幣物。流有餘而調不足也。❹昔禹水湯旱，百姓匱乏，或相假以接衣食。禹以歷山之

❶「功」，《拾補》作「織」。
❷「恣」，原無，據《拾補》補。
❸「平」，原作「乎」，據《通典》《拾補》改。
❹「調」，《通典》作「極」。

金，湯以嚴山之銅，鑄幣以贈其民，而天下稱仁。往者財用不足，戰士或不得禄。而山東被災，❶齊、趙大飢，賴均輸之畜、倉廩之積，戰士以奉，飢民以賑。故均輸之物，府庫之財，非所以賈萬民而專奉兵師之用，亦所以賑困乏而備水旱之災也。」

文學曰：「古者十一而稅，澤梁以時入而無禁，黎民咸被南畝而不失其務。故三年耕而餘一年之蓄，九年耕有三年之蓄。此禹、湯所以備水、旱而安百姓也。草萊不闢，田疇不治，雖擅山海之財，通百末之利，❷猶不能贍也。是以古者尚力務本而種樹繁，躬耕趣時而衣食足，雖累凶年而人不病也。故衣食者民之本，稼穡者民之務也。二者修，則國富而民安也。《詩》云『百室盈止，婦子寧止』也。」

大夫曰：「賢聖治家非一室，❸富國非一道。昔管仲以權譎霸，而紀氏以强本亡。❹使治家養生必於農，則舜不甄陶而伊尹不爲庖。故善爲國者，天下之下我高，天下之輕我重。以末易其本，以虛蕩其實。今山澤之財，均輸之藏，所以御輕重而役諸侯也。汝、漢之金，纖微之貢，所以

---

❶「而」，《通典》作「今」。
❷「末」，原作「味」，據《拾補》、王校改。
❸「室」，《拾補》疑作「術」，王利器本改作「寶」。
❹「紀」，原作「范」，「本」，原作「大」，據張校改。

誘外國而釣胡、羌之寶也。夫中國一端之縵，得匈奴累金之物，而損敵國之用。是以贏驢馲駞銜尾入塞，驒騱騵馬盡爲我畜，鼲鼦狐貉、采旃文罽充於内府，而璧玉、珊瑚、瑠璃咸爲國之寶。是則外國之物内流，而利不外泄也。異物内流則國用饒，利不外泄則民用給矣。《詩》曰：『百室盈止，婦子寧止。』」

文學曰：「古者商通物而不豫，工致牢而不僞。故君子耕稼田魚，❶其實一也。商則長詐，工則飾罵，内懷闚闞而心不怍，是以薄夫欺而敦夫薄。昔桀女樂充宫室，文繡衣裳，故伊尹高逝遊薄，而女樂終廢其國。今贏驢之用不中牛馬之功，鼲貂旃罽不益錦綈之實。美玉珊瑚出於昆山，珠璣犀象出於桂林，此距漢萬有餘里。計耕桑之功，資財之費，是一物而售百倍其價一也，一揖而中萬鍾之粟也。❷夫上好珍怪則淫服下流，貴遠方之物則貨財外充。是以王者不珍無用以節其民，不愛其貨以富其國。❸故理民之道，在於節用尚本、分土井田而已。」

大夫曰：「自京師東西南北，歷山川，經郡國，諸殷富大都，無非街衢五通，商賈之所臻，萬物之所殖者。故聖人因天時，智者因地財，上士取諸人，中士勞其形。長沮、桀溺無百金之積，蹠、

❶「田魚」，張注本作「佃漁」。
❷「揖」，張注本作「挹」。
❸上「其」字，張注本作「奇」。

蹻之徒無猗頓之富，❶宛、周、齊、魯商徧天下。故乃萬賈之富或累萬金，❷追利乘羡之所致也。富國何必用本農，足民何必井田也？」

文學曰：「洪水滔天而有禹之績，河水泛濫而有宣房之功，商紂暴虐而有孟津之謀，天下煩擾而有乘羡之富。夫上古至治，民樸而貴本，安愉而寡求。當此之時，道路罕行，市朝生草。故耕不强者無以充虚，織不强者無以掩形。雖有湊會之要，陶室之術，無所施其巧。自古及今，不施而得報，不勞而有功者，未之有也。」

通有第三

大夫曰：「燕之涿薊、趙之邯鄲、魏之温軹、韓之滎陽、齊之臨淄、楚之宛丘、鄭之陽翟、三川之二周，❸富冠海内，皆爲天下名都。非有助之耕其野而田其地者也，居五諸侯之衢，跨街衝之路也。故物豐者民衍，宅近市者家富。富在術數，不在勞身；利在勢居，不在力耕也。」

❶「蹻」，張注本作「耒」。

❷「萬賈」，張注本作「賈」，《拾補》作「商賈」。

❸「滎」，《拾補》作「熒」。「丘」，王校作「陳」。「三川之二周」，張注本作「二周之三川」。

文學曰：「荆、陽南有桂林之饒，❶内有江湖之利，左陵陽之金，右蜀、漢之材，伐木而樹穀，燔萊而播粟，火耕而水耨，地廣而饒財。❷然後呰窳偷生，❸好衣甘食，雖白屋草廬，歌謳鼓琴，日給月單，朝歌暮戚。趙、中山帶大河，纂四通神衢，當天下之蹊，商賈錯於路，諸侯交於道。然民淫好末，侈靡而不務本，田疇不脩，男女矜飾，家無斗筲，鳴琴在室。是以楚、趙之民，均貧而寡富。宋、衛、韓、梁，好本稼穡，編户齊民，無不家衍人給。故利在自惜，不在勢居街衢；富在儉力趣時，不在歲司羽鳩也。」

大夫曰：「五行：東方木，而丹、章有金銅之山；南方火，而交趾有大海之川；西方金，而蜀、隴有名材之林；北方水，而幽都有積沙之地。此天地所以均有無而通萬物也。今吴、越之竹，隋、唐之材，不可勝用，而曹、衛、梁、宋采棺轉尸；江、湖之魚，萊、黄之鮐，不可勝食，而鄒、魯、周、韓藜藿蔬食。天地之利無不贍，而山海之貨無不富也。然百姓匱乏，財用不足，多寡不調，而天下財不散也。」

文學曰：「古者采椽不斲，茅屋不翦，衣布褐，飯土硎，鑄金爲鉏，埏埴爲器，工不造奇巧，世

---

❶「陽」，張注本作「揚」。

❷「財」，張注本作「材」。

❸「呰」，原作「紫」，據張注本改。正嘉本作「呰」，通。

不寶不可衣食之物，各安其居，樂其俗，甘其食，便其器。是以遠方之物不交，而昆山之玉不至。今世俗壞而競於淫靡，女極纖微，工極技巧，雕素樸而尚珍怪，鑽山石而求金銀，没深淵求珠璣，設機陷求犀象，張網羅求翡翠，求蠻、貉之物以眩中國，徙邛、筰之貨致之東海，交萬里之財，曠日費功，無益於用。是以褐夫匹婦勞罷力屈，❶而衣食不足也。故王者禁溢利，節漏費。溢利禁則反本，漏費節則民用給。是以生無乏資，死無轉尸也。」

大夫曰：「古者宫室有度，輿服以庸，采椽茅茨，非先王之制也。君子節奢刺儉，儉則固。昔孫叔敖相楚，❷妻不衣帛，馬不秣粟。孔子曰：『不可，大儉極下。』此《蟋蟀》所爲作也。《管子》曰：『不飾宫室，則材木不可勝用；不充庖厨，則禽獸不損其壽。無末利則本業所出，❸無黼黻則女工不施。』故工商梓匠，邦國之用，器械之備也。自古有之，非獨於此。弦高飯牛於周，五羖賃車入秦，公輸子以規矩，歐冶以鎔鑄。《語》曰：『百工居肆，以致其事。』❹農商交易，以利本末。山居澤處，蓬蒿墝埆，財物流通，有以均之。是以多者不獨衍，少者不獨饉。若各居其處，食其

---

❶「褐」，原作「揭」，據正嘉本、張校改。

❷「孫叔敖相楚」，張注本作「季文子相魯」。

❸「末」，原作「味」，據王校改。「所」，《拾補》疑誤，王利器本於其上補「無」字。

❹「致」，正嘉本、張注本均作「成」。

食，則是橘柚不鬻，朐鹵之鹽不出，旃罽不市，而吴、唐之財不用也。」❶

文學曰：「孟子云：『不違農時，穀不可勝食。蠶麻以時，布帛不可勝衣也。斧斤以時入，材木不可勝用。田漁以時，魚肉不可勝食。』若則飾宫室，增臺榭，梓匠斲巨爲小，以圓爲方，上成雲氣，下成山林，則材木不足用也。男子去本爲末，雕文刻鏤，以象禽獸，窮物究變，則穀不足食也。婦女飾微治細，以成文章，極伎盡巧，則絲布不足衣也。庖宰烹殺胎卵，煎炙齊和，窮極五味，則魚肉不足食也。當今世，非患禽獸不損，材木不勝，患僭侈之無窮也；非患無旃罽橘柚，患無狹廬糠糟也。」

錯幣第四

大夫曰：「交幣通施，民事不及，❷物有所并也。計本量委，民有飢者，穀有所藏也。智者有百人之功，愚者不更本之事。人君不調，民有相妨之富也。❸此其所以或儲百年之餘，或不厭糟糠也。民大富，則不可以禄使也；大彊，則不可以威罰也。非散聚均利者不齊。故人主積其食，

❶「財」，張注本作「材」。
❷「及」，王校作「給」。
❸「妨」，王利器本改作「萬」。

守其用，制其有餘，調其不足，禁溢羨，厄利塗，然後百姓可家給人足也。」

文學曰：「古者貴德而賤利，重義而輕財。三王之時，迭盛迭衰。衰則扶之，傾則定之。是以夏忠、殷敬、周文，庠序之教，恭讓之禮，粲然可得而觀也。及其後，禮義弛崩，風俗滅息，故自食禄之君子違於義而競於財，大小相吞，激轉相傾。此所以或儲百年之餘，或無以充虚蔽形也。古之仕者不穡，田者不漁，抱關擊柝，皆有常秩，不得兼利盡物。如此，則愚智同功，不相傾也。《詩》云：『彼有遺秉，此有滯穗，伊寡婦之利。』言不盡物也。」

大夫曰：「湯、文繼衰，漢興乘弊。一質一文，非苟易常也，俗弊家法，❶非務變古也，亦所以救失扶衰也。故教與俗改，弊與世易。夏后以玄貝，周人以紫石，後世或金錢刀布。物極而衰，終始之運也。故山澤無征則君臣同利，刀幣無禁則姦貞並行。夫臣富相侈，下專利則相傾也。」

文學曰：「古者市朝而無刀幣，各以其所有易無，抱布貿絲而已。後世即有龜貝金錢，交施之也。❷幣數變而民滋僞。夫救僞以質，防失以禮。湯、文繼衰，革法易化，而殷、周道興。漢初

---

❶「家」，王利器本改作「更」。

❷「交」上，張注本有「刀布之幣」四字。

乘弊而不改易，畜利變幣，欲以反本，是猶以煎止燔，以火止沸也。上好禮則民闇飾，上好貨則下死利也。」

大夫曰：「文帝之時，縱民得鑄錢、冶鐵、煮鹽。吴王擅鄣海澤，鄧通專西山。山東奸猾咸聚吴國，秦、雍、漢、蜀因鄧氏，吴、鄧錢布天下，故有鑄錢之禁。禁禦之法立而奸僞息，奸僞息則民不期於妄得，而各務其職，不反本何爲？故統一，則民不二也；幣由上，則下不疑也。」

文學曰：「往古幣衆財通而民樂，其後稍去舊幣，更行白金龜龍，民多巧新幣。幣數易而民益疑，於是廢天下諸錢，而專命水衡三官作。吏近侵利，或不中式，故有薄厚輕重。農人不習，物類比之，信故疑新，不知姦真。商賈以美貿惡，以半易倍。買則失實，賣則失理，其疑或滋益甚。夫鑄僞金錢以有法，而錢之善惡無增損於政。❶ 擇錢則物稽滯，而用人尤被其苦。《春秋》曰：『算不及蠻、夷則不行。』故王者外不鄣海澤以便民用，內不禁刀幣以通民施。」

禁耕第五

大夫曰：「家人有寶器，尚函匣而藏之，况人主之山海乎？夫權利之處，必在深山窮澤之

❶「政」，王利器本據孫詒讓説改作「故」。

中，非豪民不能通其利。異時鹽、鐵未籠，布衣有朐邴，人君有吴王，❶皆鹽、鐵初議也。吴王專山澤之饒，❷薄賦其民，賑贍窮小，❸以成私威。私威積而逆節之心作。夫不蚤絶其源而憂其末，若決吕梁，沛然，其所傷必多矣。太公曰：『一家害百家，百家害諸侯，諸侯害天下，王法禁之。』今放民於權利，❹罷鹽、鐵以資暴彊，遂其貪心，衆邪群聚，私門成黨，則强禦日以不制，而并兼之徒姦形成也。」

文學曰：「民人藏於家，諸侯藏於國，天子藏於海内。故民人以垣牆爲藏閉，天子以四海爲匣匱。天子適諸侯，升自阼階，諸侯納管鍵，執策而聽命，示莫爲主也。是以王者不畜聚，下藏於民，遠浮利，務民之義。義禮立，則民化上。若是，雖湯、武生存於世，無所容其慮。工商之事，歐冶之任，何姦之能成？三桓專魯，六卿分晉，不以鹽、鐵。故權利深者，不在山海，在朝廷。一家害百家，在蕭牆，而不在朐邴也。」

❶「人君有」，原作「朐邴人」，據張注本、《通典》改。
❷「吴王」上，原有「君有」二字，據張注本删。
❸「小」，《通典》作「乏」。
❹「今」，張注本作「令」。

大夫曰：「山海有禁而民不傾，貴賤有平而民不疑。縣官設衡立準，人從所欲，❶雖使五尺童子適市，莫之能欺。今罷去之，則豪民擅其用而專其利。決市閭巷，高下在口吻，貴賤無常，端坐而民豪，是以養强抑弱而藏於跖也。彊養弱抑，則齊民消，若衆穢之盛而害五穀。一家害百家，不在胸邴，如何也？」

文學曰：「山海者，財用之寶路也。❷鐵器者，農夫之死士也。❸死士用則仇讐滅，仇讎滅則田野闢，田野闢而五穀熟。❹寶路開則百姓贍而民用給，民用給則國富。國富而教之以禮，則行道有讓而工商不相豫，人懷敦樸以自相接而莫相利。❺夫秦、楚、燕、齊，士力不同，剛柔異勢，巨小之用，居局之宜，❻黨殊俗易，各有所便。縣官籠而一之，則鐵器失其宜，而農民失其便。器用不便，則農夫罷於壄而草萊不辟。草萊不辟，則民困乏。故鹽冶之處，大傲皆依山川，❼近鐵炭，

❶「人從所欲」，《拾補》作「而人得其所」。

❷「路」，原無，據張校補。

❸「士」，原作「生」，據《拾補》、張校改。下「士」字同。

❹「而」，張注本作「則」。「熟」下，張注本有「而寶路開」四字。

❺「自」，《拾補》無此字。

❻「局」，張校作「句」。

❼「傲」，張注本作「校」。

其勢咸遠而作劇。郡中卒踐更者，❶多不勘，責取庸代。縣邑或以户口賦鐵，而賤平其準。良家以道次發僦運鹽、鐵，煩費，邑或以户，百姓病苦之。愚竊見一官之傷千里，未覩其在朐邴也。」

復古第六

大夫曰：「故扇水都尉彭祖寧歸，言：『鹽、鐵令品，令品甚明。卒徒衣食縣官，作鑄鐵器，給用甚衆，無妨於民。而吏或不良，禁令不行，故民煩苦之。』今意總一鹽、鐵，❷非獨爲利入也，將以建本抑末，離朋黨，禁淫侈，絶并兼之路也。古者名山大澤不以封，爲下之專利也。山海之利，廣澤之畜，天下之藏也，❸皆宜屬少府。陛下不私，以屬大司農，以佐助百姓。浮食豪民，❹好欲擅山海之貨，以致富業，役利細民，故沮事議者衆。鐵器兵刃，天下之大用也，非衆庶所宜事也。往者豪强大家得管山海之利，采鐵石鼓鑄、煮鹽。一家聚衆或至千餘人，大抵盡收放流人民也。

❶「卒」，張注本無此字。
❷「今」，張校作「令」。「鐵」，原作「錢」，據《拾補》改。
❸「下」，張校作「地」。
❹「豪」，張校作「奇」。

遠去鄉里，棄墳墓，依倚大家，聚深山窮澤之中，成姦僞之業，遂朋黨之權，其輕爲非亦大矣。❶今自廣進賢之途，❷練擇守尉，不待去鹽、鐵而安民也。」

文學曰：「扇水都尉所言，當時之利權，一切之術也，不可以久行而傳世，此非明王所以君國子民之道也。《詩》云：『哀哉爲猶，匪先民是程，匪大猶是經，維邇言是聽。』此詩人刺不通於王道而善爲權利者。孝武皇帝攘九夷，平百越，師旅數起，糧食不足。故立田官，置錢，入穀射官，救急贍不給。今陛下繼大功之勤，養勞勌之民，此用麋鬻之時。公卿宜思所以安集百姓，致利除害，輔明主以仁義，修潤洪業之道。明主即位以來，六年于兹，公卿無請減除不急之官，省罷機利之人。人權縣太久，❸民良望於上。陛下宣聖德，昭明光，令郡國賢良、文學之士乘傳詣公車，議五帝三王之道、六藝之風，册陳安危利害之分，指意粲然。今公卿辨議，未有所定，此所謂守小節而遺大體，抱小利而忘大利者也。」

大夫曰：「宇宙之内，鷰雀不知天地之高也，坎井之鼃不知江海之大，窮夫否婦不知國家之慮，負荷之商不知猗頓之富。先帝計外國之利，料胡、越之兵，兵敵弱而易制，用力少而功大，故

❶「大」，大典本作「殆」。
❷「自」，《拾補》作「日」，王利器本據郭沫若説改作「者」。
❸「人」，張校作「者」，從上讀。

因勢變以主四夷，地濱山海以屬長城，北略河外，開路匈奴之鄉，功未卒善。文王受命伐崇，作邑于豐，武王繼之，載尸以行，破商擒紂，遂成王業。曹沫棄三北之耻而復侵地，管仲負當世之累而立霸功。故志大者遺小，用權者離俗。有司思師望之計，遂先帝之業，志在絶胡、貉，擒單于，故未遑扣扃之義，而録拘儒之論。」

文學曰：「鷰雀離巢宇而有鷹隼之憂，坎井之鼃離其居而有蛇鼠之患，况翺翔千仞而游四海乎？其禍必大矣！此李斯之所以折翼而趙高没淵也。聞文、武受命，伐不義以安諸侯大夫，未聞弊諸夏以役夷狄也。昔秦常舉天下之力以事胡、越，竭天下之財以奉其用，然衆不能畢；而以百萬之師爲一夫之任，此天下共聞也。且數戰則民勞，久師則兵弊，此百姓所疾苦而拘儒之所憂也。」

鹽鐵論卷第二

非鞅第七

大夫曰：「昔商君相秦也，内立法度，嚴刑罰，飭政教，姦僞無所容；外設百倍之利，收山澤之税，國富民强，器械完飾，蓄積有餘。是以征敵伐國，❶攘地斥境，不賦百姓而師以贍。❷故利用不竭而民不知，❸地盡西河而民不苦。鹽、鐵之利，所以佐百姓之急，足軍旅之費，務蓄積以備乏絶，所給甚衆，有益於國，無害於人。百姓何苦爾，而文學何憂也？」

文學曰：「蓋文帝之時，❹無鹽、鐵之利而民富。今有之而百姓困乏，未見利之所利也，而見其害也。且利不從天來，不從地出，一取之民間，謂之百倍。此計之失者也，無異於愚人反裘而

❶「征敵伐國」，《通典》作「征伐敵國」。
❷「而」，《通典》作「軍」。
❸「利」，原脱，據《通典》及《拾補》補。
❹「蓋」，《拾補》、王校作「昔」。

負薪，愛其毛不知其皮盡也。夫李梅實多者，來年爲之衰；新穀熟者，❶舊穀爲之虧。自天地不能兩盈，而况於人事乎？故利於彼者必耗於此，猶陰陽之不並曜，晝夜之有長短也。❷商鞅峭法長利，秦人不聊生，相與哭孝公。吴起長兵攻取，楚人搔動，相與泣悼王。其後楚日以危，秦日以弱。故利蓄而怨積，地廣而禍構，惡在利用不竭而民不知，地盡西河而人不苦也？今商鞅之册任於内，吴起之兵用於外，行者勤於路，居者匱於室，老母號泣，怨女歎息。文學雖欲無憂，其可得也？」

大夫曰：「秦任商君，國以富强，其後卒并六國而成帝業。及二世之時，邪臣擅斷，公道不行，諸侯叛弛，宗廟隳亡。《春秋》曰：『末言爾，❸祭仲亡也。』夫善歌者使人續其聲，善作者使人紹其功。椎車之蟬攫，❹負子之教也。周道之成，周公之力也。雖有裨諶之草創，無子産之潤色，有文、武之規矩，而無周、吕之鑿枘，則功業不成。今以趙高之亡秦而非商鞅，猶以崇虎亂殷而非伊尹也。」

❶「者」，《通典》無此字。
❷「有」，《拾補》、王校作「代」。
❸「末言爾」，原作「未言介」，《拾補》、張校據《公羊傳》改，今從。
❹「椎」，原作「推」，據張校改。

文學曰：「善鑿者建周而不疲，❶善基者致高而不蹷。伊尹以堯、舜之道爲殷國基，子孫紹位，百代不絶。商鞅以重刑峭法爲秦國基，故二世而奪。刑既嚴峻矣，又作爲相坐之法，造誹謗，增肉刑，百姓齋栗，不知所措手足也。賦斂既煩數矣，又外禁山澤之原，内設百倍之利，民無所開説容言。崇利而簡義，高力而尚功，非不廣壤進地也，然猶人之病水，益水而疾深。知其爲秦開帝業，不知其爲秦致亡道也。狐刺之鑿，❷雖公輸子不能善其枘。畚土之基，雖良匠不能成其高。譬若秋蓬被霜，遭風則零落，雖有十子産，如之何？故扁鵲不能肉白骨，微、箕不能存亡國也。」

大夫曰：「言之非難，行之爲難。故賢者處實而効功，亦非徒陳空文而已。昔商君明於開塞之術，假當世之權，爲秦致利成業，是以戰勝攻取，并近滅遠，乘燕、趙，陵齊、楚，諸侯斂袵，西面而向風。其後蒙恬征胡，斥地千里，踰之河北，若壞朽折腐。何者？商君之遺謀，備飾素循也。❸故舉而有利，動而有功。夫蓄積籌策，國家之所以强也。故弛廢而歸之民，未覩巨計而涉大道也。」

---

❶「疲」，張校作「拔」。

❷「狐」，《拾補》作「瓜」，張校作「弧」。

❸「備飾素循」，王利器本據孫詒讓、姚範説改作「備飭素脩」。

文學曰："商鞅之開塞，非不行也。蒙恬却胡千里，非無功也。威震天下，非不强也。諸侯隨風西面，非不從也。然而皆秦之所以亡也。商鞅以權數危秦國，蒙恬以得千里亡秦社稷。此二子者，知利而不知害，知進而不知退，故果身死而衆敗。此所謂戀朐之智而愚人之計也，❶夫何大道之有？故曰：『小人先合而後忤，初雖乘馬，卒必泣血。』此之謂也。"

大夫曰："淑好之人，戚施之所妬也。賢知之士，闒茸之所惡也。是以上官大夫短屈原於頃襄，公伯寮愬子路於季孫。夫商君起布衣，自魏入秦，期年而相之，革法明教，而秦人大治。故兵動而割地，兵休而國富。孝公大説，封之於商安之地，❷方五百里，功如丘山，名傳後世。世人不能爲，是以相與嫉其能而疵其功也。"

文學曰："君子進必以道，退不失義，高而勿矜，勞而不伐，位尊而行恭，功大而理順。故俗不疾其能，而世不妬其業。今商鞅棄道而用權，廢德而任力，峭法盛刑，以虐戾爲俗，欺舊交以爲功，刑公族以立威，無恩於百姓，無信於諸侯，人與之爲怨，家與之爲讐，雖以獲功見封，猶食毒肉，愉飽而罹其咎也。蘇秦合縱連横，統理六國，業非不大也；桀、紂與堯、舜並稱，至今不亡，名

❶ "戀"，張注本、《拾補》作"孿"。

❷ "安"，王利器本據陳遵默説以之爲衍文。

非不長也。然非者不足貴。故事不苟多，名不苟傳也。」

大夫曰：「縞素不能自分於緇墨，賢聖不能自理於亂世。是以箕子執囚，比干被刑。伍員相闔閭以霸，夫差不道，流而殺之。樂毅信功於燕昭，而見疑於惠王。人臣盡節以徇名，遭世主之不用。大夫種輔翼越王，爲之深謀，卒擒强吴，據有東夷，終賜屬鏤而死。驕主背恩德，聽流説，不計其功故也，豈身之罪哉！」

文學曰：「比干剖心，子胥鴟夷，非輕犯君以危身，强諫以干名也。憯怛之忠誠，心動於内，忘禍患之發於外，❶志在匡君救民，故身死而不怨。君子能行是，不能禦非，雖在刑戮之中，非其罪也。是以比干死而殷人怨，子胥死而吴人恨。今秦怨毒商鞅之法，甚於私仇，故孝公卒之日，舉國而攻之，東西南北莫可奔走，仰天而歎曰：『嗟乎，爲政之弊，至於斯極也！』卒車裂族夷，爲天下笑。斯人自殺，非人殺之也。」

晁錯第八

大夫曰：「《春秋》之法，君親無將，將而必誅。故臣罪莫重於弒君，子罪莫重於弒父。日者

---

❶「禍患之」，原作「患之禍」，據《拾補》改。

淮南、衡山修文學，招四方遊士，山東儒、墨咸聚於江、淮之間，講議集論，著書數十篇。然卒於背義不臣，❶使謀叛逆，❷誅及宗族。晁錯變法易常，不用制度，迫蹙宗族，❸侵削諸侯，蕃臣不附，骨肉不親，吴、楚積怨。斬錯東市，以慰三軍之士而謝諸侯。斯亦誰殺之乎？」

文學曰：「孔子不飲盜泉之流，曾子不入勝母之閭。名且惡之，而況爲不臣不子乎？是以孔子沐浴而朝，告之哀公。陳文子有馬十乘，棄而違之。傳曰：『君子可貴可賤，可刑可殺，而不可使爲亂。』若夫外飾其貌而内無其實，口誦其文而行不猶其道，是盜，固與盜而不容於君子之域。《春秋》：『不以寡犯衆。』誅絶之義有所止，不兼怨惡也。故舜之誅，誅鯀；其舉，舉禹。夫以璵璠之玼而棄其璞，以一人之罪而兼其衆，則天下無美寶信士也。晁生言諸侯之地大，富則驕奢，急即合從。故因吴之過而削之會稽，因楚之罪而奪之東海，所以均輕重，分其權，而爲萬世慮也。弦高誕於秦而信於鄭，晁生忠於漢而讎於諸侯。人臣各死其主，爲其國用，此解楊之所以厚於晉而薄於荆也。」

❶「不臣」，張注本無。
❷「使」，原在「誅及宗族」下，據張校移改。
❸「族」，張校作「室」。

刺權第九

大夫曰：「今夫越之具區、楚之雲夢、宋之鉅野、齊之孟諸，❶有國之富而霸王之資也。人君統而守之則强，不禁則亡。齊以其腸胃予人，家强而不制，枝大而折榦，以專巨海之富而擅魚鹽之利也。勢足以使衆，恩足以卹下，是以齊國内倍而外附。權移於臣，政墜於家，公室卑而田宗强，轉轂游海者蓋三千乘，失之於本而末不可救。今山川海澤之原，非獨雲夢、孟諸也。鼓金煮鹽，其勢必深居幽谷，而人民所罕至。姦猾交通山海之際，恐生大姦。乘利驕溢，敦樸滋僞，則人之貴本者寡。大農鹽鐵丞咸陽、孔僅等上請：『願募民自給費，因縣官器，煮鹽予用，以杜浮僞之路。』由此觀之，令意所禁微，有司之慮亦遠矣。」

文學曰：「有司之慮遠，而權家之利近。令意所禁微，而僭奢之道著。❷自利害之設，三業之起，貴人之家，雲行於塗，轂擊於道，攘公法，申私利，跨山澤，擅官市，非特巨海魚鹽也。執國家之柄以行海内，非特田常之勢、陪臣之權也。威重於六卿，富累於陶、衛，輿服僭於王公，宮室溢

❶「夫」，張校作「吴」。

❷「而」，原作「有」，據正嘉本、張注本改。

於制度，并兼列宅，隔絶閭巷，閣道錯連足以遊觀，鑿池曲道足以騁鶩，臨淵釣魚，放犬走兔，隆豺鼎力，蹋鞠鬬雞，中山素女撫流徵於堂上，鳴鼓巴俞作於堂下，❶婦女被羅紈，婢妾曳絺紵，子孫連車列騎，田獵出入，畢弋捷健。是以耕者釋耒而不勤，百姓冰釋而懈怠。何者？己爲之而彼取之，僭侈相効，上升而不息，此百姓所以滋僞而罕歸本也。」

大夫曰：「官尊者禄厚，本美者枝茂。故文王德而子孫封，周公相而伯禽富。水廣者魚大，父尊者子貴。傳曰：『河海潤千里。』盛德及四海，况之妻子乎？故夫貴於朝，妻貴於室，富曰苟美，古之道也。《孟子》曰：『王者與人同，而如彼者，居使然也。』居編户之列而望卿相之子孫，是以跛夫之欲及樓季也，無錢而欲千金之寶，不亦虚望哉？」

文學曰：「禹、稷自布衣，思天下有不得其所者，若己推而納之溝中，故起而佐堯，❷平治水土，教民稼穡。其自任天下如此其重也，豈云食禄以養妻子而已乎？夫食萬人之力者，蒙其憂，任其勞。一人失職，一官不治，皆公卿之累也。故君子之仕，❸行其義，非樂其勢也。受禄以潤賢，非私其利。見賢不隱，食禄不專，此公叔之所以爲文，魏成子所以爲賢也。故周德成而後封

❶「俞」，張注本作「歈」。「作」上，《太平御覽》有「交」字。
❷「而」，原作「禹」，據張注本改。
❸「仕」，原作「士」，據正嘉本、張注本改。

子孫，不以爲黨，周公功成而後受封，天下不以爲貪。今則不然。親戚相推，朋黨相舉，父尊於位，子溢於内，夫貴於朝，妻謁行於外。無周公之德而有其富，無管仲之功而有其侈，故編户跛夫而望疾步也。」

刺復第十

大夫爲色矜而心不懌，❶曰：「但居者不知負載之勞，從旁議者與當局者異憂。方今爲天下腹居郡，諸侯並臻，中外未然，心憧憧若涉大川，遭風而未薄。是以夙夜思念國家之用，寢而忘寐，飢而忘食，計數不離於前，萬事簡閱於心。丞史器小，不足與謀，獨鬱大道，思覩文學，若俟周、邵而望子高。❷御史案事郡國，察廉舉賢才，歲不乏也。今賢良、文學臻者六十餘人，懷六藝之術，騁意極論，宜若開光發蒙，信往而乖於今，道古而不合於世務。意者不足以知士也？將多飾文誣能以亂實邪？何賢士之難覩也！自千乘倪寬以治《尚書》位冠九卿，及所聞覩選舉之士，擢升贊憲甚顯，然未見絶倫比，而爲縣官興滯立功也。」

❶「夫」下，原衍「曰」字，據張校删。張注本「曰」作「乃」。

❷「邵」，張注本作「召」，下同。「子高」，王利器本據陳遵默説改作「高子」。

文學曰：「輸子之制材木也，正其規矩而鑿枘調。師曠之諧五音也，正其六律而宫商調。當世之工匠，不能調其鑿枘則改規矩，不能協聲音則變舊律。是以鑿枘刺戾而不合，聲音泛越而不和。夫舉規矩而知宜，吹律而知變，上也。因循而不作，以俟其人，次也。是以曹丞相日飲醇酒，倪大夫閉口不言。故治大者不可以煩，煩則亂；治小者不可怠，怠則廢。《春秋》曰：『其政恢卓，恢卓可以爲卿相。其政察察，察察可以爲匹夫。』夫維綱不張，禮義不行，公卿之憂也。案上之文，期會之事，丞史之任也。《尚書》曰：『俊乂在官，百僚師師，百工惟時，庶尹允諧。』言官得其人，人任其事，故官治而不亂，事起而不廢，士守其職，大夫理其位，公卿總要執凡而已。故任能者責成而不勞，任己者事廢而無功。桓公之於管仲，耳而目之。故君子勞於求賢，逸於用之，❶豈云殆哉？昔周公之相也，謙卑而不鄰，以勞天下之士，是以俊乂滿朝，賢智充門。孔子無爵位，以布衣從才士七十有餘人，皆諸侯卿相之人也，况處三公之尊以養天下之士哉？今以公卿之上位，爵禄之美，而不能致士，則未有進賢之道。堯之舉舜也，賓而妻之。桓公舉管仲也，賓而師之。以天子而妻匹夫，可謂親賢矣。以諸侯之師匹夫，❷可謂敬賓矣。是以賢者從之若

❶「之」，張注本作「人」。

❷「之」，正嘉本、張注本作「而」。

流，歸之不疑。今當世在位者，既無燕昭之下士，《鹿鳴》之樂賢，而行臧文、子椒之意，❶蔽賢妬能，自高其智，訾人之才，足己而不問，卑士而不友，以位尚賢，以祿驕士，而求士之用，亦難矣。」

大夫繆然不言，蓋賢良長歎息焉。

御史進曰：「太公相文、武以王天下，管仲相桓公以霸諸侯。故賢者得位，猶龍得水，騰蛇游霧也。公孫丞相以《春秋》說先帝，遽即三公，❷處周、邵之列，❸據萬里之勢，爲天下準繩，衣不重彩，食不兼味，以先天下，而無益於治。博士褚泰、徐偃等，承明詔，建節馳傳，巡省郡國，舉孝廉，勸元元，而流俗不改。招舉賢良、方正、文學之士，超遷官爵，或至卿大夫，非燕昭之薦士，❹文王之廣賢也？然而未覩功業所成。殆非龍蛇之才，而《鹿鳴》之所樂賢也。」

文學曰：「冰炭不同器，日月不並明。當公孫弘之時，人主方設謀垂意於四夷，故權譎之謀進，荊、楚之士用，將帥或至封侯食邑，而勉獲者咸蒙厚賞，是以奮擊之士由此興。其後干戈不

---

❶「椒」，原作「叔」，據張注本改。

❷「遽」，正嘉本作「據」。

❸「邵」，正嘉本作「召」。

❹「非」下，張注本有「特」字。

休，軍旅相望，甲士糜弊，縣官用不足，故設險興利之臣起，磻溪熊羆之士隱。涇、淮造渠以通漕運，❶東郭咸陽、孔僅建鹽、鐵，❷策諸利，富者買爵敗官，❸免刑除罪，公用彌多而爲者徇私，上下兼求，❹百姓不堪，抏弊而從法，故僭急之臣進，而見知廢格之法起。杜周、咸宣之屬，以峻文決理貴，而王温舒之徒以鷹隼擊殺顯，其欲據仁義以道事君者寡，偷合取容者衆。獨以一公孫弘，如之何？」

論儒第十一

御史曰：「文學祖述仲尼，稱誦其德，以爲自古及今未之有也。然孔子修道魯、衛之間，❺教化洙、泗之上，弟子不爲變，當世不爲治，魯國之削滋甚。齊宣王褒儒尊學，孟軻、淳于髡之徒，受上大夫之禄，不任職而論國事，蓋齊稷下先生千有餘人。當此之時，非一公孫弘也。弱燕攻齊，

❶「淮」，王利器本改作「渭」。
❷「咸陽」，原作「偃」，據張校改。
❸「敗」，張注本作「販」。
❹「兼」，原作「無」，據張校改。
❺「魯衛」，張注本作「齊魯」。

長驅至臨淄，湣王遁逃，死於莒而不能救。王建禽於秦，與之俱虜而不能存。若此，儒者之安國尊君，未始有効也。」

文學曰：「無鞭策，雖造父不能調駟馬。無世位，❶雖舜、禹不能治萬民。孔子曰：『鳳鳥不至，河不出圖，吾已矣夫。』故軺車良馬無以馳之，聖德仁義無所施之。齊宣之時，❷顯賢進士，❸國家富強，威行敵國。及湣王，奮二世之餘烈，南舉楚、淮，北并巨宋，苞十二國，西摧三晉，却彊秦，五國賓從。鄒、魯之君，泗上諸侯皆入臣。矜功不休，百姓不堪。諸儒諫不從，❹各分散，慎到、捷子亡去，田駢如薛，而孫卿適楚。內無良臣，故諸侯合謀而伐之。王建聽流説，信反間，用后勝之計，不與諸侯從親，以亡國。爲秦所禽，不亦宜乎？」

御史曰：「伊尹以割烹事湯，百里以飯牛要穆公，始爲苟合，信然與之霸王。如此，何言不從，何道不行？故商君以王道説孝公，不用，即以彊國之道，卒以就功。鄒子以儒術干世主，不用，即以變化始終之論，卒以顯名。故馬効千里，不必胡、代；士貴成功，不必文辭。孟軻守舊

❶「世」，張注本作「勢」。
❷「宣」上，張校補「威」字。
❸「顯」上，原衍「不」字，據張校删。
❹「儒」，原作「侯」，據《拾補》改。

術，不知世務，故困於梁、宋。孔子能方不能圓，故飢于黎丘。今晚世之儒勤德，時有乏匱，言以爲非，困此不行。❶自周室以來，千有餘歲，獨有文、武、成、康，如言必參一焉，取所不能及而稱之，猶躄者能言遠不能行也。聖人異塗同歸，或行或止，其趣一也。商君雖革法改教，志存於彊國利民。鄒子之作，變化之術，亦歸於仁義。祭仲自貶損以行權，時也。故小枉大直，君子爲之。今硜硜然守一道，引尾生之意，即晉文之譎諸侯以尊周室不足道，而管仲蒙恥辱以存亡不足稱也。」

文學曰：「伊尹之干湯，❷知聖主也。百里之歸秦，知明君也。二君之能知霸王，其册素形於己，非暗而以冥冥决事也。孔子曰：『名不正則言不順，言不順則事不成。』如何其苟合而以成霸王也？君子執德秉義而行，故造次必於是，顛沛必於是。孟子曰：『居今之朝，不易其俗，而成千乘之勢，不能一朝居也。』寧窮飢居於陋巷，安能變己而從俗化？闔廬殺僚，公子札去而之延陵，終身不入吴國。魯公殺子赤，叔眄退而隱處，❸不食其禄。虧義得尊，枉道取容，効死不爲

❶「困」，正嘉本、張注本作「因」。

❷「干」，正嘉本作「于」，張注本作「於」。

❸「眄」，《拾補》作「肸」。

也。聞正道不行，❶釋事而退，未聞枉道以求容也。」

御史曰：「《論語》：❷『親於其身爲不善者，君子不入也。』有是言而行不足從也。季氏爲無道，逐其君，奪其政，而冉求、仲由臣焉。《禮》：『男女不授受，❸不交爵。』孔子適衛，因嬖臣彌子瑕以見衛夫人，子路不説。子瑕，佞臣也。夫子因之，非正也。男女不交，孔子見南子，非禮也。禮義由孔氏，❹且貶道以求容，惡在其釋事而退也？」

文學曰：「天下不平，庶國不寧，明王之憂也。上無天子，下無方伯，天下煩亂，賢聖之憂也。是以堯憂洪水，伊尹憂民，管仲束縛，孔子周流，憂百姓之禍而欲安其危也。是以負鼎俎、囚拘、匍匐以救之。故追亡者趨，拯溺者濡。今民陷溝壑，雖欲無濡，豈得已哉？」

御史默不對。

❶「不」，張注本作「而」。
❷「語」下，張注本有「云」字。
❸「受」，原脱，據張注本補。
❹「氏」下，張注本、《拾補》均有「出」字。

憂邊第十二

大夫曰：「文學言：『天下不平，庶國不寧，明王之憂也。』故王者之於天下，猶一室之中也，有一人不得其所，則謂之不樂。故民流溺而弗救，❶非惠君也，國家有難而不憂，非忠臣也。夫守節死難者，人臣之職也。衣食飢寒者，慈父之道也。今子弟遠勞於外，❷人主爲之夙夜不寧，群臣盡力畢議，册滋國用。故少府丞令請建酒榷，以贍邊、給戰士，拯救民於難也。爲人父兄者，豈可以已乎？內省衣食以卹在外者，猶未足，今又欲罷諸用，減奉邊之費，未可爲慈父賢兄也。」

文學曰：「周之季末，天子微弱，諸侯力政，故國君不安，謀臣奔馳。何者？敵國衆而社稷危也。今九州同域，天下一統，陛下優游巖廊，覽群臣極言，至內論《雅》、《頌》，外鳴和鑾，純德粲然，並於唐、虞，功烈流於子孫。夫蠻、貊之人，不食之地，何足以煩慮而有戰國之憂哉？若陛下不棄，加之以德，施之以惠，北夷必內向，款塞自至，然後以爲胡制於外臣，❸即匈奴没齒不食其所用矣。」

❶「流」下，原衍「沉」字，據王校删。
❷「勞於」，原作「於勞」，據張注本改。
❸「胡制於」，王校疑此三字爲衍文。

大夫曰：「聖主思念中國之未寧，北邊之未安，故使廷尉評等問人間所疾苦，拯卹貧賤，周贍不足。君臣所宣明王之德，❶安宇内者，未得其紀，故問諸生。諸生議不干天則入淵，乃欲以閭里之治，而况國家之大事，亦不幾矣！發於畎畝，出於窮巷，不知冰水之寒，若醉而新寤，殊不足與言也。」

文學曰：「夫欲安民富國之道，在於反本，本立而道生。順天之理，因地之利，即不勞而功成。夫不修其源而事其流，無本以統之，雖竭精神、盡思慮，無益於治。欲安之適足以危之，欲救之適足以敗之。夫治亂之端在於本末而已，不至勞其心而道可得也。孔子曰：『不通於論者難於言治，道不同者不相與謀。』今公卿意有所倚，故文學之言不可用也。」

大夫曰：「吾聞爲人臣者盡忠以順職，爲人子者致孝以承業。君有非則臣覆蓋之，父有非則子匿逃之。故君薨，臣不變君之政。父没，則子不改父之道也。《春秋》譏毀泉臺，爲其隳先祖之所爲，而揚君父之惡也。今鹽、鐵、均輸，所從來久矣，而欲罷之，得無害先帝之功而妨聖主之德乎？有司倚於忠孝之路，是道殊而不同於文學之謀也。」

文學曰：「明者因時而變，知者隨世而制。孔子曰：『麻冕，禮也，今也純，儉，吾從衆。』故聖

❶「君」，張校引錫山華氏活字本（以下簡稱「華本」）作「群」。

人上賢不離古，順俗而不偏宜。魯定公序昭穆，順祖禰，昭公廢卿士，以省事節用，不可謂變祖之所爲，而改父之道也。二世充大阿房以崇緒，趙高增累秦法以廣威，而未可謂忠臣孝子也。」

鹽鐵論卷第三

園池第十三

大夫曰：「諸侯以國爲家，其憂在内。天子以八極爲境，其慮在外。故宇小者用菲，功巨者用大。是以縣官開園池，總山海，致利以助貢賦，脩溝渠，立諸農，廣田收，❶盛苑囿。太僕、水衡、少府、大農，歲課諸入田收之利，池籞之假，及北邊置任田官，❷以贍諸用，而猶未足。今欲罷之，絶其原，杜其流，上下俱殫，困乏之應也，雖好省事節用，如之何其可也？」

文學曰：「古者制地足以養民，民足以承其上。千乘之國，百里之地，公侯伯子男，各充其求，贍其欲。秦兼萬國之地，有四海之富，而意不贍，非宇小而用菲，嗜欲多而下不堪其求也。❸語曰：『厨有腐肉，國有飢民，廐有肥馬，路有餧人。』今狗馬之養，蟲獸之食，豈特腐肉秣馬之費

---

❶「收」，王校作「牧」。下「收」字同。

❷「任」，原重文，據張注本删。

❸「嗜」，原作「者」，據張校、王校改。

哉！無用之官，不急之作，服淫侈之變，無功而衣食縣官者衆，是以上不足而下困乏也。今不減除其本而欲贍其末，設機利，造田畜，與百姓争薦草，與商賈争市利，非所以明主德而相國家也。夫男耕女績，❶天下之大業也。故古者分地而處之，利田畝而事之。是以業無不食之地，國無乏作之民。今縣官之多張苑囿、公田、池澤，❷公家有鄣假之名，而利歸權家。三輔迫近於山、河，地狹人衆，四方並臻，粟米薪菜，不能相贍。公田轉假，桑榆菜菓不殖，地力不盡。愚以爲非。先帝之開苑囿、池籞，可賦歸之於民，縣官租税而已。假税殊名，其實一也。夫如是，匹夫之力盡於南畝，匹婦之力盡於麻枲。田野闢，麻枲治，則上下俱衍，何困乏之有矣？」

大夫默然，視其丞相、御史。

輕重第十四

御史進曰：「昔太公封於營丘，辟草萊而居焉。地薄人少，於是通利末之道，極女工之巧。是以鄰國交於齊，財畜貨殖，世爲彊國。管仲相桓公，襲先君之業，行輕重之變，南服彊楚而霸諸

❶「績」，張注本作「織」。

❷「之」，王校以爲衍文。

侯。今大夫各修太公、桓、管之術，總一鹽、鐵，通山川之利而萬物殖。是以縣官用饒足，❶民不困乏，本末並利，上下俱足。此籌計之所致，非獨耕桑農業也。」

文學曰：「禮義者，國之基也；而權利者，政之殘也。孔子曰：『能以禮讓爲國乎？何有。』伊尹、太公以百里興其君，管仲專於桓公，❷以千乘之齊而不能至於王，其所務非也。故功名隳壞而道不濟。當此之時，諸侯莫能以德而争於公私，故以權相傾。今天下合爲一家，利末惡欲行，淫巧惡欲施？大夫君以心計策國用，構諸侯，參以酒榷，咸陽、孔僅增以鹽、鐵，江充、耕谷之等各以鋒鋭，❸言利末之事析秋毫，可謂無間矣。非特管仲設九府，徼山海也。然而國家衰耗，城郭空虚。故非崇仁義無以化民，非力本農無以富邦也。」

御史曰：「水有猵獺而池魚勞，國有强禦而齊民消。故茂林之下無豐草，大塊之間無美苗。夫理國之道，除穢鋤豪，然後百姓均平，各安其宇。張廷尉論定律令，明法以繩天下，誅姦猾，絶并兼之徒，而强不凌弱，衆不暴寡。大夫各運籌策，建國用，❹籠天下鹽、鐵諸利，以排富商大賈，

---

❶「足」，張校以爲衍文。

❷「管仲專於」，張注本無此四字。

❸「耕谷」，張校作「楊可」。

❹「建」，張注本作「達」。

買官贖罪，損有餘，補不足，以齊黎民。是以兵革東西征伐，賦斂不增而用足。夫損益之事，賢者所覩，非衆人之所知也。」

文學曰：「扁鵲撫息脉而知疾所由生，陽氣盛則損之而調陰，❶寒氣盛則損之而調陽，是以氣脉調和而邪氣無所留矣。夫拙醫不知脉理之腠、血氣之分，妄刺而無益於疾，傷肌膚而已矣。今欲損有餘補不足，富者愈富，貧者愈貧矣。嚴法任刑，欲以禁暴止姦，而姦猶不止。意者非扁鵲之用鍼石，❷故衆人未得其職也。」

御史曰：「周之建國也，蓋千八百諸侯。其後彊吞弱，大兼小，并爲六國。六國連兵結難數百年，内拒敵國，外攘四夷。由此觀之，兵甲不休，戰伐不乏，軍旅外奉，倉庫内實。今以天下之富，海内之財，百郡之貢，非特齊、楚之畜，趙、魏之庫也，計委量入，雖急用之，宜無乏絶之時。顧大農等以術體躬稼，則后稷之烈，軍四出而用不繼，非天之財少也。用鍼石，調均有無，補不足，亦非也。❸上大夫君與治粟都尉管領大農事，灸刺稽滯，開利百脉，是以萬物流通而縣官富實。當此之時，四方征暴亂，車甲之費，克獲之賞，以億萬計，皆贍大司農。此皆扁鵲之力，而鹽、鐵之

---

❶ 「之」，正嘉本、張注本作「乏」。

❷ 「鍼」，原作「鐵」，據張注本改。下「鍼」字同。

❸ 「亦非」下，王校斷有奪文：「妄刺而無益於疾。」

福也。」

文學曰：「邊郡山居谷處，陰陽不和，寒凍裂地，衝風飄鹵，沙石凝積，地勢無所宜。中國，天地之中，陰陽之際也。日月經其南，斗極出其北。含衆和之氣，産育庶物。今去而侵邊，多斥不毛寒苦之地，是猶棄江皐河濱，而田於嶺坂菹澤也。轉倉廩之委，飛府庫之財，以給邊民。中國困於繇賦，❶邊民苦於戍禦。力耕不便種糴，無桑麻之利，仰中國絲絮而後衣之，皮裘蒙毛曾不足蓋形，夏不失複，冬不離窟，父子夫婦內藏於專室土圜之中。中外空虛，扁鵲何力，而鹽、鐵何福也？」

未通第十五

御史曰：「內郡人衆，水泉薦草，不能相贍，地勢溫濕，不宜牛馬。民蹠耒而耕，負檐而行，勞罷而寡功。是以百姓貧苦而衣食不足，老弱負輅於路，而列卿大夫或乘牛車。孝武皇帝平百越以爲囿圃，❷却羌、胡以爲苑囿。是以珍怪異物充於後宮，騊駼駃騠實於外廄，匹夫莫不乘堅良，

---

❶「賦」，張注本作「役」。

❷「囿」，張校、王校作「園」。

而民間厭橘柚。由此觀之，邊郡之利亦饒矣。而曰：『何福之有？』未通於計也。」

文學曰：「禹平水土，定九州，四方各以土地所生貢獻，足以充宮室，供人主之欲，膏壤萬里，山川之利，足以富百姓，不待蠻貊之地、遠方之物而用足。聞往者未伐胡、越之時，❶繇賦省而民富足，温衣飽食，藏新食陳，布帛充用，牛馬成群。農夫以馬耕載，而民莫不騎乘。當此之時，却走馬以糞。其後師旅數發，戎馬不足，牸牝入陣，故駒犢生於戰地。六畜不育於家，五穀不殖於野，民不足於糟糠，何橘柚之所厭？傳曰：『大軍之後，累世不復。』方今郡國，田野有隴而不墾，城郭有宇而不實，邊郡何饒之有乎？」

御史曰：「古者制田百步爲畝，民井田而耕，什而藉一。義先公而後己，民臣之職也。先帝哀憐百姓之愁苦，衣食不足，制田二百四十步而一畝，率三十而税一。墮民不務田作，飢寒及己，固其理也。其不耕而欲播，不種而欲獲，鹽、鐵又何過乎！」

文學曰：「什一而藉，民之力也。豐耗美惡，與民共之。民勤，❷己不獨衍；民衍，己不獨勤。故曰：『什一者，天下之中正也。』田雖三十，而以頃畝出税，樂歲粒米梁糲而寡取之，❸凶年飢饉

❶「聞」，張注本無此字。

❷「勤」，張注本作「饉」。下「勤」字同。

❸「梁糲」，正嘉本、張注本作「狼戾」。

而必求足。加之以口賦更繇之役，率一人之作，中分其功。農夫悉其所得，或假貸而益之。是以百姓疾耕力作，而飢寒遂及己也。築城者先厚其基而求其高，❶畜民者先厚其業而後求其贍。《論語》曰：『百姓足，君孰與不足乎！』」

御史曰：「古者諸侯争强，戰國並起，甲兵不休，民曠於田疇，什一而藉，不違其職。今賴陛下神靈，甲兵不動久矣，然則民不齊出於南畝，以口率被墾田而不足，空倉廩而賑貧乏，侵益日甚，是以愈惰而仰利縣官也。爲斯君者亦病矣，反以身勞民，民猶背恩棄義而遠流亡，避匿上公之事。民相倣傚，田地日蕪，❷租賦不入，抵扞縣官。君雖欲足，誰與之足乎？」

文學曰：「樹木數徙則殘，蟲獸徙居則壞。故『代馬依北風，飛鳥翔故巢』，莫不哀其生。由此觀之，民非利避上公之事而樂流亡也。往者軍陣數起，用度不足，以訾徵賦，常取給見民，田家又被其勞，故不齊出於南畝也。大抵逋流皆在大家，吏正畏憚，不敢篤責，刻急細民，細民不堪，流亡遠去。中家爲之色出，❸後亡者爲先亡者服事。録民數創於惡吏，故相倣傚，去尤甚而就少

---

❶「求」上，王利器本據文例補「後」字。

❷「蕪」，原作「無」，據張注本改。

❸「色」，王利器本改作「絶」。

愈多。❶傳曰：『政寬者民死之，政急者父子離。』是以田地日荒，城郭空虚。夫牧民之道，除其所疾，適其所安，安而不擾，使而不勞，是以百姓勸業而樂公賦。若此，則君無賑於民，民無利於上，上下交議而頌聲作。❷故取而民不厭，役而民不苦。《靈臺》之詩，非或使之，民自爲之。若斯，則君何不足之有乎！」

御史曰：「古者十五入太學，與小役；二十冠而成人，與戎事；五十以上，血脉溢剛，曰艾壯。《詩》曰：『方叔元老，克壯其猶。』故商師若烏，周師若荼。今陛下哀憐百姓，寬力役之政，二十三始賦，❸五十六而免，所以輔耆壯而息老艾也。丁者治其田里，老者修其唐園，儉力趣時，無飢寒之患。不治其家而訟縣官，亦悖矣。」

文學曰：「十九年已下爲殤，未成人也。二十而冠，三十而娶，可以從戎事。五十已上曰艾老，杖於家，❹不從力役，所以扶不足而息高年也。鄉飲酒之禮，耆老異饌，所以優耆耄而明養老也。故老者非肉不飽，非帛不暖，非杖不行。今五十已上至六十，與子孫服輓輸，並給繇役，非養

❶「多」，張校以爲衍文，王利器本據郭沫若説於其上補「者」字。
❷「議」，張校作「讓」。
❸「賦」，王利器本據楊樹達説改作「傅」。
❹「家」，張注本作「鄉」。

老之意也。古有大喪者，居三年不呼其門，❶通其孝道，遂其哀戚之心也。君子之所重而自盡者，其惟親之喪乎！今或僵尸，棄衰絰而從戎事，非所以子百姓、順孝悌之心也。周公抱成王聽天下，恩塞海内，澤被四表，矧惟南面，❷含仁保德，靡不得其所。《詩》云：『夙夜基命宥密。』陛下富於春秋，委任大臣，公卿輔政，政教未均，故庶人議也。」

御史默不答也。

❶「居」，《拾補》作「君」。

❷「南」，張校作「人」。

鹽鐵論卷第四

地廣第十六

大夫曰：「王者包含并覆，普愛無私，不爲近重施，不爲遠遺恩。今俱是民也，俱是臣也，安危勞佚不齊，獨不當調邪？不念彼而獨計此，斯亦好議矣？緣邊之民，處寒苦之地，距强胡之難，烽燧一動，有没身之累。故邊民百戰，而中國恬卧者，以邊郡爲蔽扞也。《詩》云：『莫非王事，而我獨勞。』刺不均也。是以聖王懷四方獨苦，興師推却胡、越，遠寇，國安災散，中國肥饒之餘以調邊境，邊境强則中國安，中國安則晏然無事，❶何求而不默也？」❷

文學曰：「古者天子之立於天下之中，縣内方不過千里，諸侯列國不及不食之地，《禹貢》至于五千里，民各供其君，諸侯各保其國，是以百姓均調而繇役不勞也。今推胡、越數千里，道路迴

❶「中」，原脱，據張注本、張校補。

❷「默」，張注本作「可得」。

避，士卒勞罷。故邊民有刎頸之禍，而中國有死亡之患，此百姓所以囂囂而不默也。夫治國之道，由中及外，自近者始。近者親附，然後來遠。百姓内足，然後卹外。故群臣論或欲田輪臺，明主不許，以爲先救近務，及時本業也。故下詔曰：『當今之務，在於禁苛暴，止擅賦，力本農。』公卿宜承意，請減除不任，以佐百姓之急。今中國弊落不憂，務在邊境。意者地廣而不耕，多種而不耨，費力而無功。《詩》云：『無田甫田，維莠驕驕。』其斯之謂歟。」

大夫曰：「湯、武之伐非好用兵也。周宣王辟國千里非貪侵也，所以除寇賊而安百姓也。故無功之師，君子不行；無用之地，聖王不貪。先帝舉湯、武之師，定三垂之難，一面而制敵，匈奴遁逃，因河、山以爲防，故去沙石鹹鹵不食之地，故割斗辟之縣、棄造陽之地以與胡，省曲塞、據河險、守要害，以寬徭役，保士民。由此觀之，聖主用心，非務廣地以勞衆而已矣。」

文學曰：「秦之用兵，可謂極矣，蒙恬斥境，可謂遠矣。今踰蒙恬之塞，立郡縣寇虜之地，地彌遠而民滋勞。朔方以西，長安以北，新郡之功，外城之費，不可勝計。非徒是也，司馬、唐蒙鑿西南夷之塗，巴、蜀弊於邛、筰，橫海征南夷，樓船戍東越，荆、楚罷於甌、駱，左將伐朝鮮，開臨洮，❶燕、齊困於穢貉，張騫通殊遠、納無用，府庫之藏流於外國，非特斗辟之費、造陽之役也。由

❶ 「洮」，王利器本據黄侃説改作「屯」。

此觀之，非人主用心，好事之臣爲縣官計過也。」

大夫曰：「挾管仲之智者，❶非爲厮役之使也。懷陶朱之慮者，不居貧困之處。文學能言而不能行，居下而訕上，處貧而非富，大言而不從，高厲而行卑，誹譽訾議，以要名采善於當世。夫禄不過秉握者，不足以言治；家不滿檐石者，不足以計事。儒皆貧羸，衣冠不完，安知國家之政、縣官之事乎？何斗辟造陽也！」

文學曰：「夫賤不害智，❷貧不妨行。顔淵屢空不爲不賢，孔子不容不爲不聖。必將以貌舉人、以才進士，則太公終身鼓刀，甯戚不離飯牛矣。古之君子守道以立名，修身以俟時，不爲窮變節，❸不爲賤易志，惟仁之處，惟義之行。臨財苟得，見利反義，不義而富，無名而貴，仁者不爲也。故曾參、閔子不以其仁易晉、楚之富，伯夷不以其行易諸侯之位，是以齊景公有馬千駟而不能與之争名。孔子曰：『賢哉回也！一簞食，一瓢飲，在於陋巷，人不堪其憂，回也不改其樂。』故惟仁者能處約、樂貧，小人富斯暴、貧斯濫矣。楊子曰：『爲仁不富，爲富不仁。』苟先利而後義，取奪不厭。公卿積億萬，大夫積千金，士積百金，利己并財以聚，百姓寒苦，流離於路，儒獨何

❶「仲」，《拾補》作「晏」。
❷「害」，原作「周」，據《拾補》改。
❸「爲」，張注本作「以」。下「爲」字同。

以完其衣冠也？」

貧富第十七

大夫曰：「余結髮束脩，年十三，幸得宿衛，給事輦轂之下，以至卿大夫之位，獲禄受賜六十有餘年矣。車馬衣服之用，妻子僕養之費，量入爲出，儉節以居之，奉禄賞賜，一二籌策之，積浸以致富成業。故分土若一，賢者能守之；分財若一，智者能籌之。夫白圭之廢著，❶子貢之三至千金，❷豈必賴之民哉？運之六寸，轉之息耗，取之貴賤之間耳！」

文學曰：「古者事業不二，利禄不兼，然後諸業不相遠，而貧富不相懸也。夫乘爵禄以謙讓者，名不可勝舉也；因權勢以求利者，入不可勝數也。食湖池，管山海，芻蕘者不能與之争澤，商賈不能與之争利。子貢以布衣致之，而孔子非之，况以勢位求之者乎？故古者大夫思其仁義以充其位，不爲權利以充其私也。」

大夫曰：「山岳有饒，然後百姓贍焉；河、海有潤，然後民取足焉。夫尋常之污不能溉陂澤，

---

❶ 「白圭」，張注本、《拾補》作「子貢」。

❷ 「子貢」，張注本、《拾補》作「陶朱公」。

丘阜之木不能成宮室。小不能苞大，少不能贍多。未有不能自足而能足人者也，未有不能自治而能治人者也。故善爲人者，能自爲者也；善治人者，能自治者也。文學不能治内，安能理外乎？」

文學曰：「行遠者假於車，❶濟江、海者因於舟。故賢士之立功成名，因資而假物者也。❷公輸子能因人主之材木以構宮室臺榭，而不能自爲專屋狹廬，❸材不足也。歐冶能因國君銅鐵以爲金鑪大鍾，而不能自爲壺鼎盤杅，❹無其用也。君子因人主之正朝，❺以和百姓、潤衆庶，而不能自饒其家，勢不便也。故舜耕於歷山，恩不及州里；太公屠牛於朝歌，利不及妻子。及其見用，恩流八荒，德溢四海。故舜假之堯，太公因之周，君子能修身以假道者，不能枉道而假財也。」

大夫曰：「道懸於天，物布於地，智者以衍，愚者以困。子貢以著積顯於諸侯，陶朱公以貨殖尊於當世。富者交焉，貧者贍焉。故上自人君，下及布衣之士，莫不戴其德、稱其仁。原憲、孔

❶「遠」下，《群書治要》有「道」字。
❷「因」下，《群書治要》有「於」字。
❸「屋」，張注本作「室」。
❹「壺」，原作「一」，「杅」，原作「材」，據《群書治要》、王校改。
❺「子」下，《群書治要》有「能」字。

伋，當世被飢寒之患，顔回屢空於窮巷。當此之時，迫於窟穴，拘於緼袍，雖欲假財信姦佞，亦不能也。」

文學曰：「孔子云：『富而可求，雖執鞭之事，吾亦爲之。如不可求，從吾所好。』君子求義，非苟富也。故刺子貢不受命而貨殖焉。君子遭時則富且貴，不遇，退而樂道。不以利累己，故不違義而妄取。隱居修節，不欲妨行，故不毁名而趨勢。雖付之以韓、魏之家，非其志，則不居也。富貴不能榮，謗毁不能傷也。故原憲之緼袍，賢於季孫之狐貉；趙宣孟之魚食，甘於智伯之芻豢；子思之銀珮，美於虞公之垂棘。魏文侯軾段干木之閭，非以其有勢也。晉文公見韓慶，下車而趨，非其多財，以其富於仁、充於德也。故貴何必財，亦仁義而已矣！」

毁學第十八

大夫曰：「夫懷枉而言正，自託於無欲而實不從，此非士之情也？❶昔李斯與包丘子俱事荀卿，既而李斯入秦，遂取三公，據萬乘之權以制海内，功侔伊、望，名巨太山。而包丘子不免於甕牖蒿廬，如潦歲之鼃，口非不衆也，然卒死於溝壑而已。今内無以養，外無以稱，貧賤而好義，雖

❶「此非」，原作「非此」，據張注本改。

言仁義，亦不足貴者也。」

文學曰：「方李斯之相秦也，始皇任之，人臣無二，然而荀卿謂之不食，覩其罹不測之禍也。包丘子飯麻蓬藜，修道白屋之下，樂其志，安之於廣厦芻豢，❶無赫赫之勢，亦無戚戚之憂。夫晉獻垂棘，非不美也，宫之奇見之而歎，知荀息之圖之也。智伯富有三晉，非不盛也，然不知襄子之謀之也。季孫之狐貉，非不麗也，而不知魯君之患之也。故晉獻以寶馬釣虞、虢，襄子以城壞誘智伯。故智伯身禽於趙，而虞、虢卒并於晉，以其務得不顧其後，貪土地而利寶馬也。孔子曰：『人無遠慮，必有近憂。』今之在位者，見利不虞害，貪得不顧耻，以利易身，以財易死。無仁義之德，而有富貴之禄，若蹈坎穽，❷食於懸門之下，此李斯之所以伏五刑也。❸南方有鳥名鵷鶵，非竹實不食，非醴泉不飲，飛過太山，太山之鴟俛啄腐鼠，仰見鵷鶵而嚇。今公卿以其富貴笑儒者，爲之常行，得無若太山鴟嚇鵷鶵乎？」

大夫曰：「學者所以防固辭，禮者所以文鄙行也。故學以輔德，禮以文質。言思可道，行思可樂。惡言不出於口，邪行不及於己。動作應禮，從容中道。故禮以行之，孫以出之。是以終日

---

❶「於」，王校作「如」。

❷「蹈」，張注本作「陷」。

❸「伏」，張注本作「具」。

言，無口過；終身行，無冤尤。❶今人主張官立朝以治民，疏爵分禄以褒賢，而曰『懸門腐鼠』，何辭之鄙背而悖於所聞也。」

文學曰：「聖主設官以授任，能者處之；分禄以任賢，❷能者受之。義貴無高，義取無多。故舜受堯之天下，太公不避周之三公，苟非其人，簞食豆羹猶爲賴民也。故德薄而位高，力小而任重，鮮不及矣。夫泰山鴟啄腐鼠於窮澤幽谷之中，非有害於人也。今之有司，盗主財而食之於刑法之旁，不知機之是發，又以嚇人，其患惡得若泰山之鴟乎？」

大夫曰：「司馬子言：『天下穰穰，皆爲利往。』趙女不擇醜好，鄭嫗不擇遠近，❸商人不媿耻辱，❹戎士不愛死力，士不在親，事君不避其難，皆爲利禄也。儒、墨内貪外矜，往來游説，栖栖然亦未爲得也。故尊榮者士之願也，富貴者士之期也。方李斯在荀卿之門，闒茸與之齊軫，及其奮翼高舉，龍昇驥騖，過九軼二，翱翔萬仞，鴻鵠華騮且同侣，况跛牂燕雀之屬乎！席天下之權，御宇内之衆，後車百乘，食禄萬鍾。而拘儒布褐不完，糟糠不飽，非甘菽藿而卑廣厦，亦不能得已。

---

❶「冤」，《拾補》作「怨」。「冤尤」，張校引華本作「怨惡」。
❷「任」，張注本作「養」。
❸「嫗」，張校作「姬」。
❹「媿」，張注本、《拾補》作「醜」。

雖欲嚇人，其何已乎！」

文學曰：「君子懷德，小人懷土，賢士徇名，❶貪夫死利。李斯貪其所欲，致其所惡。孫叔敖早見於未萌，三去相而不悔，非樂卑賤而惡重禄也，慮遠而避害謹也。❷夫郊祭之牛，養食朞年，❸衣之文繡，以入廟堂，太宰執其鸞刀，以啓其毛。方此之時，願任重而上峻坂，❹不可得也。商鞅困於彭池，吴起之伏王尸，願被布褐而處窮鄙之蒿廬。李斯相秦，席天下之勢，志小萬乘。及其囚於囹圄，車裂於雲陽之市，❺亦願負薪入鴻門，❻行上蔡曲街徑，不可得也。蘇秦、吴起以權勢自殺，商鞅、李斯以尊重自滅，皆貪禄慕榮以没其身。從車百乘，曾不足以載其禍也！」

---

❶「土賢士」，原作「士賢土」，據正嘉本乙正。

❷「遠」上，王利器本據明初本補「患」字。

❸「養食」，張注本作「食養」。

❹「上」，原作「止」，據《拾補》改。

❺「裂」，原作「制」，據《拾補》《太平御覽》改。

❻「鴻」，《太平御覽》、王校作「東」。

褒賢第十九

大夫曰：「伯夷以廉飢，尾生以信死。由小器而虧大體，匹夫匹婦之爲諒也，經於溝瀆而莫之知也，何功名之有？蘇秦、張儀，智足以强國，勇足以威敵，一怒而諸侯懼，安居而天下息。萬乘之主，莫不屈體卑辭，幣請交，❶此所謂天下名士也，夫智不足與謀，而權不能舉當世，民斯爲下也。今舉亡而爲有，虚而爲盈，布衣穿屨，深念徐行，若有遺亡，非立功成名之士，而亦未免於世俗也。」

文學曰：「蘇秦以從顯於趙，張儀以横任於秦，方此之時，非不尊貴也。然智士隨而憂之，知夫不以道進必不以道退，不以義得者必不以義亡。季、孟之權，三桓之富，不可及也。孔子爲之曰『微』。爲人臣，權均於君，富侔於國者，亡。故其位彌高而罪彌重，禄滋厚而罪滋多。夫行者先全己而後求名，仕者先辟害而後求禄。故香餌非不美也，❷龜龍聞而深藏，鸞鳳見而高逝者，知其害身也。夫爲烏鵲魚鱉，食香餌而後狂飛奔走，遜頭屈遰，❸無益於死。今有司盗秉國法，

❶「幣」上，《拾補》疑當有「重」字。
❷「故」，張注本作「夫」。
❸「頭」，張注本作「身」。

進不顧罪，卒然有急，然後車馳人趨，無益於死。所盜不足償於臧獲，妻子奔亡無處所，身在深牢，莫知恤視。方此之時，何暇得以笑乎？」❶

大夫曰：「文學高行，❷矯然若不可卷；盛節絜言，皦然若不可涅。然戍卒陳勝釋輓輅，首爲叛逆，自立張楚，素非有回、由處士之行，宰相列臣之位也。奮於大澤，不過旬月，而齊、魯儒墨縉紳之徒，❸肆其長衣，長衣官之也。❹負孔氏之禮器、《詩》、《書》，委質爲臣。孔甲爲涉博士，卒俱死陳，爲天下大笑。深藏高逝者固若是也？」

文學曰：「周室衰，禮義壞，不能統理天下，諸侯交争，相滅亡，并爲六國，兵革不休，民不得寧息。秦以虎狼之心，蠶食諸侯，并吞戰國以爲郡縣，伐能矜功，自以爲過堯、舜而羞與之同。棄仁義而尚刑罰，以爲今時不師於文而決於武。趙高治獄於内，蒙恬用兵於外，❺百姓愁苦，同心而患秦。陳王赫然奮爪牙爲天下首事，道雖凶而儒墨或干之者，以爲無王久矣，道擁遏不得行，

❶「以」，《拾補》作「一」。
❷「學」下，原衍「節」字，據張注本、《拾補》删。
❸「縉」，張注本、《拾補》均作「薦」。
❹「長衣官之也」，《拾補》斷此五字衍。「官之」，張校作「容衣」。
❺「用」，張注本作「治」。

自孔子以至于兹，而秦復重禁之，故發憤於陳王也。孔子曰：『如有用我者，吾其爲東周乎！』庶幾成湯、文、武之功，爲百姓除殘去賊，豈貪禄樂位哉？」

大夫曰：「文學言行雖有伯夷之廉，不及柳下惠之貞，不過高瞻下視，絜言汚行，觴酒豆肉，遷延相讓，辭小取大，雞廉狼吞。趙綰、王臧之等，以儒術擢爲上卿，而有姦利殘忍之心。主父偃以口舌取大官，竊權重，欺紿宗室，受諸侯之賂，卒皆誅死。東方朔自稱辯略，消堅釋石，當世無雙。然省其私行，狂夫不忍爲。况無東方朔之口，其餘無可觀者也。」❶

文學曰：「志善者忘惡，謹小者致大。俎豆之間足以觀禮，閨門之内足以論行。夫服古之服，誦古之道，舍而爲非者，鮮矣。故君子時然後言，義然後取，不以道得之不居也。滿而不溢，泰而不驕。故袁盎親於景帝，秣馬不過一駟。公孫弘即三公之位，家不過十乘。東方先生説聽言行於武帝，而不驕溢。主父見困厄之日久，疾在位者不好道而富且貴，❷莫知邺士也，於是取饒衍之餘以周窮士之急，非爲私家之業也。當世囂囂，非患儒之雞廉，患在位者之虎飽鴟咽，❸於求覽無所孑遺耳。」

---

❶「可」，張注本作「足」。

❷「疾」上，原衍「此」字，據王校删。王利器本據黄侃説改作「矣」，屬上讀。

❸「鴟」，張注本、《拾補》均作「嗌」。

鹽鐵論卷第五

相刺第二十

大夫曰：「古者經井田，制廛里，丈夫治其田疇，女子治其麻枲，無曠地，無遊人。故非商工不得食於利末，非良農不得食於收穫，非執政不得食於官爵。今儒者釋耒耜而學不驗之語，曠日彌久而無益於理，往來浮游，不耕而食，不蠶而衣，巧僞良民，以奪農妨政，此亦當世之所患也。」

文學曰：「禹慼洪水，❶身親其勞，澤行路宿，過門不入。當此之時，簪墮不掇，冠挂不顧，而暇耕乎？孔子曰：『詩人疾之不能默，丘疾之不能伏。』是以東西南北七十説而不用，然後退而修王道，作《春秋》，垂之萬載之後，❷天卜折中焉，豈與匹夫匹婦耕織同哉！傳曰：『君子當時不動，而民無觀也。』故非君子莫治小人，非小人無以養君子，當不耕織爲匹夫匹婦也。君子耕而

❶「慼」，王校作「感」。

❷「載」，張注本作「世」。

不學，則亂之道也。」

大夫曰：「文學言治尚於唐、虞，言義高於秋天，有華言矣，未見其實也。昔魯穆公之時，公儀爲相，子思、子原爲之卿，然北削於齊，以泗爲境，南畏楚人，西賓秦國。孟軻居梁，兵折於齊，上將軍死而太子虜，西敗於秦，地奪壤削，亡河内、河外。夫仲尼之門，七十子之徒，去父母，捐室家，負荷而隨孔子，不耕而學，亂乃愈滋。故玉屑滿篋不爲有寶，詩書負笈不爲有道。❶要在安國家，利人民，不苟文繁衆辭而已。」

文學曰：「虞不用百里奚之謀而滅，秦穆用之以至霸焉。夫不用賢則亡，而不削何可得乎？❷孟子適梁，惠王問利，荅以仁義。趣舍不合，是以不用而去，夫懷寶而無語。❸故有粟不食，無益於飢；覩賢不用，無益於削。紂之時，内有微、箕二子，外有膠鬲、棘子，❹故其不能存。夫言而不用，諫而不聽，雖賢，惡得有益於治也？」

大夫曰：「橘柚生於江南，而民皆甘之於口，味同也。好音生於鄭、衛，而人皆樂之於耳，聲

❶「詩」上，原衍「誦」字，據張注本删。
❷「不」，《拾補》斷衍。
❸「夫」，王校斷衍。
❹「棘」，張校引華本作「諸」。

同也。越人夷吾、戎人由余，❶待譯而後通，而並顯齊、秦，人之心於善惡同也。故曾子倚山而吟，山鳥下翔；師曠鼓琴，百獸率舞。未有善而不合，誠而不應者也。意未誠與？何故言而不見從，行而不合也？」

文學曰：「扁鵲不能治不受鍼藥之疾，賢聖不能正不食諫諍之君。❷故桀有關龍逢而亡夏，❸殷有三人而商滅。❹故不患無由余、夷吾之論，❺患無桓、穆之聽耳。是以孔子東西無所適遇，❻屈原放逐於楚國。故曰：直道而事人，焉往而不三黜？枉道而事人，終非。❼以此言而不見從，行而不合者也。」

大夫曰：「歌者不期於利聲而貴在中節，論者不期於麗辭而務在事實。善聲而不知轉，未可

❶「夷吾」，張校作「子臧」。下同。
❷「諫諍」，《群書治要》作「善言」。
❸「亡夏」，《群書治要》作「夏亡」。
❹「殷」，《群書治要》作「紂」。「人」，張注本、《群書治要》作「仁」。
❺「故」，原無，據《群書治要》補。「論」，原作「倫」，據《群書治要》改。
❻「適」，《群書治要》無此字。
❼「終非」至「不合者也」十五字，《群書治要》作「何必去父母之邦。此所以言而不見從，行不得合者也」。

爲能歌也。善言而不知變，未可謂能説也。持規而非矩，執準而非繩，通一孔、曉一理而不知權衡，以所不覩不信人，若蟬之不知雪。堅據古文以應當世，❶猶辰參之錯，膠柱而調瑟，固而難合矣。孔子所以不用於世，而孟軻見賤於諸侯也。」

文學曰：「日月之光而盲者不能見，雷電之聲而聾人不能聞。夫爲不知音者言，若語於瘖聾，何特蟬之不知重雪耶？夫以伊尹之智、太公之賢，而不能開辭於桀、紂，非説者非，❷聽者過也。是以荆和抱璞而泣血，曰：『安得良工而剖之！』屈原行吟澤畔，曰：『安得臯陶而察之！』夫人君莫不欲求賢以自輔，任能以治國，然牽於流説，惑於道諛，是以賢聖蔽掩而讒佞用事，以此亡國破家，而賢士飢於巖穴也。昔趙高無過人之志，而居萬人之位，是以傾覆秦國而禍殃其宗，盡失其瑟，何膠柱之調也？」

大夫曰：「所謂文學高第者，智略能明先王之術，而姿質足以履行其道。❸故居則爲人師，用則爲世法。今文學言治則稱堯、舜，道行則言孔、墨，❹授之政則不達，懷古道而不能行，言直而

❶「文」，張注本作「人」。

❷「者」，原作「也」，據張注本改。

❸「姿」，正嘉本、張注本、《拾補》作「資」。

❹「言」，張注本作「稱」。

行之枉，道是而情非，衣冠有以殊於鄉曲而實無以異於凡人。諸生所謂中直者，遭時蒙幸，❶備數適然耳，殆非明舉所謂，固未可與論治也。」

文學曰：「天設三光以照記，天子立公卿以明治。故曰：公卿者，四海之表儀，神化之丹青也。上有輔明主之任，❷下有遂聖化之事；和陰陽，調四時，安衆庶，育群生；使百姓輯睦，無怨思之色，四夷順德，無叛逆之憂。此公卿之職，而賢者之所務也。若伊尹、周、召三公之才，太顛、閎夭九卿之人。文學不中聖主之明舉，今之執政，亦未能稱盛德也。」

大夫不説，作色不應也。

文學曰：「朝無忠臣者政闇，大夫無直士者位危。任座正言君之過，文侯改言行，稱爲賢君。袁盎面刺絳侯之驕矜，卒得其慶。故觸死亡以干主之過者，忠臣也；犯嚴顔以匡公卿之失者，直士也。鄙人不能巷言面違。方今人主，穀之教令，❸張而不施，食禄多非其人，以妨農商工，市井之利，未歸於民，民望不塞也。且夫帝王之道，多墮壞而不脩，《詩》云『濟濟多士』，意者誠任用其計，非苟陳虚言而已。」

❶「幸」，原作「宰」，據王校改。
❷「任」，張注本作「事」。
❸「穀」，王校作「轂」。

殊路第二十一

大夫曰：「七十子躬受聖人之術，有名列於孔子之門，皆諸侯卿相之才，可南面者數人。可政事者冉有、季路，❶言語宰我、子貢。宰我秉事，有寵於齊，田常作難，道不行，身死庭中，簡公殺於檀臺。子路仕衛，孔悝作亂，不能救君出亡，身菹於衛。子貢、子皐遁逃，不能死其難。食人之重禄不能更，處人尊官不能存，何其厚於己而薄於君哉？同門共業，自以爲知古今之義，明君臣之禮。或死或亡，二三子殊路，何道之悖也。」

文學曰：「宋殤公知孔父之賢而不早任，❷故身死。魯莊知季有之賢，❸授之政晚而國亂。衛君近佞遠賢，子路居蒲，孔悝爲政。簡公不聽宰我而漏其謀。是以二君身被放殺，而禍及忠臣。二子者有事而不與其謀，故可以死，可以生，去止其義一也。晏嬰不死崔、慶之難，不可謂不義。微子去殷之亂，可謂不仁乎？」

---

❶「可」，原作「云」，據正嘉本、張注本改。
❷「殤」，原作「襄」，據《拾補》、張校改。
❸「有」，《拾補》作「友」，張校作「子」。

大夫曰：「至美素璞，物莫能飾也。至賢保真，僞文莫能增也。故金玉不琢，❶美珠不畫，今仲由、冉求無檀柘之材，隋、和之璞而强文之，譬若彫朽木而礪鈆刀，飾嫫母、畫土人也。被以五色，斐然成章，及遭行潦流波，❷則沮矣。夫重懷古道，枕籍《詩》《書》，危不能安，亂不能治，郵里逐雞，雞亦無黨也。」

文學曰：「非學無以治身，非禮無以輔德。和氏之璞，天下之美寶也，待鑑識之工而後明。❸毛嬙，天下之姣人也，待香澤脂粉而後容。周公，天下之至聖人也，待賢師學問而後通。今齊世庸士之人，不好學問，專以己之愚而荷負巨任，❹若無檝舳濟江海而遭大風，漂没於百仞之淵，東流無崖之川，安得沮而止乎？」

大夫曰：「性有剛柔，形有好惡，聖人能因而不能改。孔子外變二三子之服，而不能革其心。故子路解長劍，去危冠，屈節於夫子之門，然攝齊師友，行行爾，鄙心猶存。宰予晝寢，欲損三年

❶「金」，張校作「全」。
❷「及」，原作「反」，据張校本改。
❸「鑑識」，張校作「礛諸」。
❹「荷負」，張注本作「負荷」。

之喪。孔子曰『糞土之牆，不可杇也』，『若由不得其死然』。故内無其質而外學其文，❶雖有賢師良友，若畫脂鏤冰，費日損功。故良師不能飾戚施，香澤不能化嫫母也。」

文學曰：❷「蒙以不潔，鄙夫掩鼻。惡人盛飾，可以宗祀上帝。使二人不涉聖人之門，不免爲窮夫，安得卿大夫之名？故砥所以致於刃，學所以盡其才也。孔子曰：『觚不觚，觚哉，觚哉！』故人事加則爲宗廟器，❸否則斯養之疉才。干、越之鋌不厲，❹匹夫賤之。工人施巧，人主服而朝也。夫醜者自以爲姣，故飾。❺愚者自以爲知，故不學。觀笑在己而不自知，不好用人，自是之過也。」

訟賢第二十二

大夫曰：「剛者折，柔者卷。故季由以强梁死，宰我以柔弱殺。使二子不學，未必不得其死。

❶「質」，《太平御覽》作「實」。
❷「曰」，原無，據正嘉本、張注本補。
❸「人事」，原作「事人」，據張校乙正。
❹「干」，張注本作「于」。
❺「故」下，張注本有「不」字。

何者？矜己而伐能，小知而巨收，欲人之從己，不能以己之從人，莫視而自見，莫賈而自貴，此其所以身殺死而終菹醢也。未見其爲宗廟器，覩其爲世戮也。當此之時，東流亦安之乎？」

文學曰：「騏驥之輓鹽車，❶垂頭於太行，屠者持刀而睨之。太公之窮困，負販於朝歌也，蓬頭相聚而笑之。當此之時，非無遠筋駿才也，非文王、伯樂莫知之賈也。子路、宰我生不逢伯樂之舉而遇狂屠，故君子傷之，若『由不得其死然』，『天其祝予』矣。孔父累華督之難，不可謂不義。仇牧涉宋萬之禍，不可謂不賢也。」

大夫曰：「今之學者，無太公之能，騏驥之才，有以蜂蠆介毒而自害也。東海成顒，河東胡建是也。二子者以術蒙舉，起卒伍，爲縣令，獨非自是，無與合同。引之不來，推之不往，狂狷不遜，忮害不恭，刻轢公主，侵陵大臣。知其不可而强行之，欲以干名。所由不軌，果没其身。未覩功業所至而見東觀之殃，❷身得重罪，不得以壽終。狡而以爲知，❸訐而以爲直，不遜以爲勇，其遭難故亦宜也。」

文學曰：「二公懷精白之心，行忠正之道，直己以事上，竭力以徇公，奉法推理，不避强禦，不

❶「驥」，原作「驎」，據張注本改。

❷「東」，張注本作「兩」。

❸「狡」，張注本、《拾補》作「徼」，張校作「絞」。

阿所親，不貴妻子之養，不顧私家之業。然卒不能免於嫉妬之人，爲衆枉所排也。其所以累不測之刑而功不遂也。夫公族不正則法令不行，股肱不正則姦邪興起。趙奢行之平原，范雎行之穰侯，二國治而兩家全。故君過而臣正，上非而下譏，大臣正，縣令何肯不反諸己？❶而行非於人，執政之大失也。夫屈原之沉淵，遭子椒之譖也，❷管子得行其道，鮑叔之力也。今不覩鮑叔之力，而見汨羅之禍，雖欲以壽終，無其能得乎！」❸

遵道第二十三

大夫曰：「御史！」御史未應。謂丞相史曰：「文學結髮學語，服膺不舍，辭若循環，轉若陶鈞。文繁於春華，無効於抱風。飾虛言以亂實，道古以害今。從之，則縣官用廢，虛言不可實而行之。不從，文學以爲非也，衆口囂囂，不可勝聽。諸卿都大府日久矣，通先古，明當世，今將何從而可矣？」

丞相史進曰：「晉文公譎而不正，齊桓公正而不譎，所由不同，俱歸於霸。而必隨古不革，襲

❶「肯」，《拾補》疑作「有」。
❷「椒」，原作「柳」，據張注本改。
❸「無」，張注本、《拾補》作「惡」。

故不改，是文質不變而椎車尚在也，故或作之，或述之，然後法令調於民，而器械便於用也。孔對三君殊意，晏子相三君異道，非苟相反，所務之時異也。公卿既定大業之路，建不竭之本，願無顧細故之語，牽儒、墨論也。」

文學曰：「師曠之調五音，不失宮商。聖王之治世，不離仁義。故有改制之名，無變通之實。❶上自黃帝，下及三王，莫不明德教，謹庠序，崇仁義，立教化。此百世不易之道也。殷、周因修而昌，秦王變法而亡。《詩》云：『雖無老成人，尚有典刑。』言法教也。❷故没而存之，舉而貫之，貫而行之，何更爲哉？」

丞相史曰：「説西施之美，無益於容；道堯、舜之德，無益於治。今文學不言所爲治，而言以治之無功，猶不言耕田之方，美富人之囷倉也。夫欲粟者務時，欲治者因世。故商君昭然獨見存亡不可與世俗同者，爲其沮功而多近也。庸人安其故，而愚者果所聞。故舟車之治，使民三年而後安之。商君之法立，然後民信之。孔子曰：『可與共學，未可與權。』文學可令扶繩循刻，非所與論道術之外也。」

❶「通」，《拾補》疑作「道」。
❷「也」，原無，據王校補。

文學曰：「君子多聞闕疑，述而不作，聖達而謀大，❶叡智而事寡。是以功成而不隳，名立而不頓。小人智淺而謀大，羸弱而任重，故中道而廢，蘇秦、商鞅是也。無先王之法，非聖人之道，而因於己，故亡。《易》曰：『小人處盛位，雖高必崩。不盈其道，不恒其德，而能以善終身，未之有也。是以初登于天，後入于地。』禹之治水也，民知其利，莫不勸其功。商鞅之立法，民知其害，莫不畏其刑。故夏后功立而王，商鞅法行而亡。商鞅有獨智之慮，世不獨見之證。❷文學不足與權當世，亦無累負之殃也。」❸

論誹第二十四

丞相史曰：「晏子有言：『儒者華於言而寡於實，繁於樂而舒於民，久喪以害生，厚葬以傷業，禮煩而難行，道迂而難遵，稱往古而言訾當世，❹賤所見而貴所聞。』此人本狂，以己爲拭。❺

❶「大」，原作「小人」，據正嘉本、張注本改。《拾補》、張校均作「小」。
❷「不」，王利器本改作「乏」。
❸「累負」，張注本作「負累」。
❹「言」，王校斷衍。
❺「拭」，大典本作「栻」。

此顔異所以誅黜，而狄山死於匈奴也。處其位而非其朝，生乎世而訕其上，終以被戮而喪其軀，此獨誰爲負其累而蒙其殃乎？」

文學曰：「禮所以防淫，樂所以移風，禮興樂正則刑罰中。故隄防成而民無水菑，禮義立民無亂患。故禮義壞，隄防决，所以治者，未之有也。孔子曰：『禮與其奢也寧儉，喪與其易也寧戚。』故禮之所爲作，非以害生傷業也；威儀節文，非以亂化傷俗也。治國謹其禮，危國謹其法。昔秦以武力吞天下，而斯、高以妖孽累其禍，廢古術，隳舊禮，專任刑法，而儒、墨既喪焉。塞士之塗，壅人之口，道諛日進而上不聞其過，此秦所以失天下而殞社稷也。故聖人爲政，必先誅之，僞巧言以輔非而傾覆國家也。今子安取亡國之語而來乎？夫公卿處其位不正其道，而以意阿色順風，疾小人淺淺面從，以成人之過也。故知言之死，不忍從苟合之徒，是以不免於縲紲，悲夫！」

丞相史曰：「檀柘而有鄉，萑葦而有藂，❶言物類之相從也。孔子曰：『德不孤，必有鄰。』故湯興而伊尹至，不仁者遠矣。未有明君在上而亂臣在下也。今先帝躬行仁聖之道以臨海内，招舉俊才賢良之士，唯仁是用，誅逐亂臣，不避所親，務以求賢而簡退不肖，猶堯之舉舜、禹之族，殛

❶「萑」，原作「雈」，據正嘉本、張注本改。

鯀放驩兜也。而曰『苟合之徒』，是則主非而臣阿，是也？」

文學曰：「臯陶對舜：『在知人，惟帝其難之。』洪水之災，堯獨愁悴而不能治，得舜、禹而九州寧。故雖有堯明之君，而無舜、禹之佐，則純德不流。《春秋》刺有君而無臣。先帝之時，良臣未備，故邪臣得間。堯得舜、禹而鯀殛、驩兜誅，❶趙簡子得叔向而盛青肩詘。語曰：『未見君子，不知僞臣。』《詩》云：『未見君子，憂心忡忡。既見君子，我心則降。』此之謂也。」

丞相史曰：「堯任鯀、驩兜，得舜、禹而放殛之以其罪，而天下咸服。誅不仁也，人君用之齊民。而顔異，濟南亭長也，先帝舉而加之高位，官至上卿。狄山起布衣，爲漢議臣，處舜、禹之位，執天下之中，不能以治，而反坐訕上。故驩兜之誅加而刑戮至焉。賢者受賞而不肖者被刑，固其然也。文學何怪焉？」

文學曰：「論者相扶以義，相喻以道，從善不求勝，服義不耻窮。若相迷以僞，相亂以辭，相矜於後息，期於苟勝，非其貴者也。夫蘇秦、張儀，熒惑諸侯，傾覆萬乘，使人主失其所持，非不辯，然亂之道也。君子疾鄙夫之不可與事君，❷患其聽從而無所不至也。今子不聽正義以輔卿

❶「鯀殛」，原作「殛鯀」，據張注本乙正。

❷「君子」，張注本作「子」。

相，又從而順之，好須臾之説，不計其後，若子之爲人吏，❶宜受上戮，子姑默矣。」

丞相史曰：「蓋聞士之居世也，衣服足以勝身，食飲足以供親，内足以相卹，外不求於人。故身修然後可以理家，家治然後可以治官。故飯菽糲者不可以言孝，妻子飢寒者不可以言慈，緒業不備者不可以言理。居斯世，行斯身，而有此三累者，斯亦足以默矣。」

孝養第二十五

文學曰：「善養者不必芻豢也，善供服者不必錦繡也。以己之所有盡事其親，孝之至也。故匹夫勤勞，猶足以順禮，歠菽飲水，足以致其敬。孔子曰：『今之孝者，是爲能養，不敬，何以别乎？』故上孝養志，其次養色，其次養體。貴其禮，❷不貪其養；禮順心和，養雖不備可也。《易》曰：『東鄰殺牛，不知西鄰之禴祭也。』故富貴而無禮，不如貧賤之孝悌。閨門之内盡孝焉，閨門之外盡悌焉，朋友之道盡信焉，三者孝之至也。居家理者，❸非謂積財也。事親孝者，非謂鮮肴也。亦和顔色，承意盡禮義而已矣。」

❶「若」，張注本作「君」。
❷「其」，原無，據張注本補。
❸「理」，《兩京遺編》本、《漢魏叢書》本均作「禮」。

丞相史曰：「八十曰耋，七十曰耄。耄，食非肉不飽，衣非帛不暖。故孝子曰甘毳以養口，輕暖以養體。曾子養曾晳，必有酒肉。無端絻，雖公西赤不能以爲容。❶無肴膳，雖閔、曾不能以卒養。❷禮無虛加，故必有其實，然後爲之父子。❸與其禮有餘而養不足，寧養有餘而禮不足。夫洗爵以盛水，升降而進糲，禮雖備，然非其貴者也。」

文學曰：「周襄王之母非無酒肉也，衣食非不如曾晳也，然而被不孝之名，以其不能事其父母也。❹君子重其禮，小人貪其養。夫嗟來而招之，投而與之，乞者由不取也。君子苟無其禮，雖美不食焉。故禮：主人不親饋，則客不祭。是饋輕而禮重也。」

丞相史曰：「孝莫大以天下一國養，次祿養，下以力。故王公人君，上也。卿大夫，次也。夫以家人言之，有賢子者當路於世者，高堂邃宇，安車大馬，衣輕暖，食甘毳。無厭者，❺褐衣皮冠，

---

❶「以」下，原有「養」字，據張注本、張校删。
❷「卒養」，原作「養卒」，據張注本乙正。
❸「父子」，王利器本據黄侃説改作「文」。
❹「其父母」，張校以爲衍文。
❺「厭」，張校以爲衍文。

窮居陋巷，有旦無暮，食䒢糲葷茹，❶膢臘而後見肉。害老親之腹非唐園，❷唯菜是盛。夫䒢糲，乞者所不取，而子以養親，雖欲以禮，非其貴也。」

文學曰：「無其能而竊其位，無其功而有其祿，雖有富貴，由蹠、蹻之養也。高臺極望，食案方丈，而不可謂孝。老親之腹非盜囊也，何故常盛不道之物？夫取非有非職，財入而患從之，身且死禍殃，安得膢臘而食肉？曾參、閔子無卿相之養，而有孝子之名。周襄王富有天下，而有不能事父母之累。故禮菲而養豐，非孝也。涼困而以養，❸非孝也。」

丞相史曰：❹「上孝養色，其次安親，其次全身。往者，陳餘背漢，斬於泜水，❺五被邪逆，而夷三族。近世主父偃行不軌而誅滅，吕步舒弄口而見戮，行身不謹，誅及無罪之親。由此觀之，虛禮無益於己也。文實配行，禮養俱施，然後可以言孝。孝在於質實，不在於飾貌。全身在於謹慎，不在於馳語也。」

---

❶「糲」下，原有「者」字，據《拾補》、張校删。

❷「害」，正嘉本、張注本作「審」。

❸「涼」，王利器本據黄侃説改作「掠」。

❹「史」，原無，據張注本補。

❺「泜」，原作「洹」，據正嘉本、張注本改。

文學曰：「言而不誠，期而不信，臨難不勇，事君不忠，不孝之大者也。孟子曰：『今之士，今之大夫，皆罪人也。皆逢其意以順其惡。』❶今子不忠不信，巧言以亂政，導諛以求合。若此者，不容於世。《春秋》曰：『士守一不移，循理不外援，共其職而已。』故卑位而言高者，罪也；言不及而言者，傲也。有詔公卿與斯議，而空戰口也？」

刺議第二十六

丞相史曰：「山林不讓椒桂，❷以成其崇。君子不辭負薪之言，以廣其名。故多見者博，多聞者知，距諫者塞，專己者孤。故謀及下者無失策，舉及衆者無頓功。《詩》云：『詢于蒭蕘。』故布衣皆得風議，何況公卿之史乎？《春秋》士不載文，而書咺者，以爲宰士也。孔子曰：『雖不吾以，吾其與聞諸。』❸僕雖不敏，亦當傾耳下風，攝齊勾指，受業徑於君子之塗矣。使文學言之而是，僕之言有何害？使文學言之而非，雖微丞相史，孰不非也？」

文學曰：「以正輔人謂之忠，以邪導人謂之佞。夫怫過納善者，君之忠臣，大夫之直士也。

❶ 「逢」，原作「達」，據張注本改。
❷ 「林」、「桂」，張校作「陵」、「跬」。
❸ 「諸」下，原衍「侯」字，據《拾補》删。

孔子曰：『大夫有争臣三人，雖無道，不失其家。』今子處宰士之列，無忠正之心，枉不能正，邪不能匡，順流以容身，從風以説上。上所言則苟聽，上所行則曲從，若影之隨形，響之於聲，終無所是非。衣儒衣，冠儒冠，而不能行其道，非其儒也。譬若土龍，文章首目具而非龍也。葶歷似菜而味殊，玉石相似而異類。子非孔氏執經守道之儒，乃公卿面從之儒，非吾徒也。冉有爲季氏宰而附益之，孔子曰：『小子鳴鼓而攻之，可也。』故輔桀者不爲智，爲桀斂者不爲仁。」

丞相史默然不對。

利議第二十七

大夫曰：「作世明主，憂勞萬人，思念北邊之未安，故使使者舉賢良、文學高弟，詳延有道之士，將欲觀殊議異策，虚心傾耳以聽，庶幾云得。諸生無能出奇計，遠圖匈奴、安邊境之策，抱枯竹，❶守空言，不知趨舍之宜、時世之變，議論無所依，如膝癢而搔背，辯訟公門之下，訩訩不可勝聽，如品即口以成事，此豈明主所欲聞哉？」

文學曰：「諸生對册，殊路同歸，指在於崇禮義，退財利，復往古之道，匡當世之失，莫不云太

❶「抱」，原作「明」，據《拾補》改。

平。雖未盡可亶用，宜略有可行者焉。執事闇於明禮，而喻於利末，沮事隋議，計慮籌策，❶以故至今未决，非儒無成事，公卿欲成利也。」❷

大夫曰：「色厲而内荏，亂真者也。文表而柔裹，亂實者也。❸文學褒衣博帶，❹竊周公之服；鞠躬踧踖，竊仲尼之容；議論稱誦，竊商、賜之辭；刺譏言治，竊管、晏之才。❺心卑卿相，志小萬乘。及授之政，昏亂不治。故以言舉人，若以毛相馬。此其所以多不稱舉。詔策曰：『朕嘉宇内之士，故詳延四方豪俊文學博習之士，超遷官禄。』❻言者不必有德，何者？言之易而行之難。有舍其車而識其牛，貴其不言而多成事也。吴鐸以其舌自破，主父偃以其舌自殺。鶡鳴夜鳴，無益於明。主父鳴鴟，無益於死。非有司欲成利，文學桎梏於舊術，牽於間言者也。」

文學曰：「能言之能行之者，湯、武也。能言不能行者，有司也。文學竊周公之服，有司竊周

---

❶「慮」，張注本作「利」。

❷「利」，原無，據張注本、張校補。

❸「者」，原無，據張注本補。

❹「褒」，原作「裒」，據《拾補》改。

❺「竊」，原作「過」，王利器本據文例改，今從。

❻「超」，原作「趨」，據張注本、《拾補》改。

公之位。文學桎梏於舊術，有司桎梏於財利。主父偃以舌自殺，有司以利自困。夫驥之才千里，非造父不能使。禹之知萬人，非舜爲相不能用。故季桓子聽政，柳下惠忽然不見。孔子爲司寇，然後悖熾。驥，舉之在伯樂，其功在造父。造父攝轡，馬無駑良，皆可取道。周公之時，士無賢不肖，皆可與言至治。故御之良者善調馬，相之賢者善使士。今舉異才而使減騶御之，❶是猶枙驥鹽車而使責之疾。❷此賢良、文學多不稱舉也。」

大夫曰：「噫！諸生闒茸無行，多言而不用，情貌不相副。若穿踰之盜，自古而患之。是孔丘斥逐於魯君，曾不用於世也。何者？以其首攝多端，迂時而不要也。故秦王燔去其術而不行，坑之渭中而不用。❸乃安得鼓口舌，申顏眉，預前論議、是非國家之事也？」

國疾第二十八❹

文學曰：「國有賢士而不用，非士之過，有國者之恥。孔子大聖也，諸侯莫能用，當小位於

---

❶「減」，王利器本據孫詒讓説改作「臧」。
❷「使責之疾」，王校作「責之使疾」。
❸「渭」，原作「謂」，據張注本改。
❹「疾」，原作「病」，據卷目改。

魯，三月，不令而行，不禁而止，沛若時雨之灌萬物，莫不興起也。況乎位天下之本朝，而施聖主之德音教澤乎？今公卿處尊位，執天下之要，十有餘年，功德不施於天下，而勤勞於百姓，百姓貧陋困窮，而私家累萬金。此君子所耻，而《伐檀》所刺也。昔者商鞅相秦，後禮讓，先貪鄙，尚首功，務進取，無德序於民，❶而嚴刑罰於國，俗日壞而民滋怨，故惠王烹葅其身，以謝天下。當此之時，亦不能論事矣。今執政患儒貧賤而多言，儒亦憂執事富貴而多患也。」❷

大夫視文學，悒悒而不言也。

丞相史曰：「夫辯國家之政事，論執政之得失，何不徐徐道理相喻，何至切切如此乎！大夫難罷鹽、鐵者，非有利也，憂國家之用，邊境之費也。諸生閶閶争鹽、鐵，亦非爲己也，欲反之於古而輔成仁義也。二者各有所宗，時世異務，又安可堅任古術而非今之理也。且夫小雅非人，❸必有以易之。諸生有能安集國中，❹懷來遠方，❺使邊境無寇虜之災，租税盡爲諸生除之，何况鹽、

❶「序」，張校作「厚」。
❷「儒」，原無，據張注本補。
❸「夫」，原作「去」，據正嘉本、張注本改。
❹「有」上，原衍「莫」字，據王校删。
❺「懷」下，原衍「臧之」二字，據《拾補》删。

鐵、均輸乎！所以貴術儒者，貴其處謙推讓，以道盡人。今辯訟愕愕然，❶無赤、賜之辭，而見鄙倍之色，非所聞也。大夫言過，而諸生亦如之，諸生不直謝大夫耳。」

賢良、文學皆離席曰：「鄙人固陋，希涉大庭，狂言多不稱，以逆執事。夫藥酒苦於口而利於病，❷忠言逆於耳而利於行。故愕愕者福也，諓諓者賤也。林中多疾風，富貴多諛言。萬里之朝，日聞唯唯，而後聞諸生之愕愕，此乃公卿之良藥鍼石。」

大夫色少寬，面文學而蘇也，謂賢良曰：❸「窮巷多曲辯，而寡見者難喻，文學守死溟涬之語，而終不移。夫往古之事，昔有之語，已可覩矣。今以近世觀之，自以目有所見、耳有所聞，世殊而事異。文、景之際，建元之始，民朴而歸本，吏廉而自重，殷殷屯屯，人衍而家富。今政非改而教非易也，何世之彌薄而俗之滋衰也？吏即少廉，民即寡耻，刑非誅惡，而姦猶不止。世人有言：『鄙儒不如都士。』文學皆出山東，希涉大論。子大夫論京師之日久，願分明政治得失之事，❹故所以然者也。」賢良曰：「夫山東天下之腹心，賢士之戰場也。高皇帝龍飛鳳舉於宋、楚之間，山

❶「今」，原作「命」，據正嘉本、張注本改。
❷「而」，原無，據張注本、《拾補》補。
❸「謂」，原無，據張校補。「賢良」，張注本作「丞相史」。
❹「願」，原作「顧」，「得」，原無，據王校改、補。

東子弟蕭、曹、樊、酈、滕、灌之屬爲輔，雖即異世，亦既閎夭、太顛而已，❶禹出西羌，文王生北夷，然聖德高世，有萬人之才，負迭群之任，出入都市，一旦不知返，數然後終於厮役而已。僕雖不生長京師，才駑下愚，不足以大議。竊所以聞閭里長老之言：❷往者常民衣服温暖而不靡，器質朴牢而致用，衣足以蔽體，器足以便事，馬足以易步，車足以自載，酒足以合歡而不湛，樂足以理心而不淫，入無宴樂之聞，出無佚游之觀。行即負嬴，止作鋤耘，用約而財饒，本修而民富。送死哀而不華，養生適而不奢。大臣正而無欲，執政寬而不苛。故黎民寧其性，百吏保其官。建元始，崇文修德，天下乂安。其後邪臣各以伎藝，虧亂至治，外障山海，内興諸利。楊可告緡，❸江充禁服，張大夫革令，杜周治獄，罰贖科適，微細並行，不可勝載。夏蘭之屬妄搏，王温舒之徒妄殺。殘吏萌起，擾亂良民。當此之時，百姓不保其首領，豪富莫必其族姓。聖主覺焉，乃刑戮充等，誅滅殘賊，以殺死罪之怨，塞天下之責，然居民肆然復安。然其禍累世不復，瘡痍至今未息。故百官尚有殘賊之政，❹而强宰尚有强奪之心。大臣擅權而斷擊，豪猾多黨而侵陵，富貴奢侈，貧賤

❶「既」，張注本作「即」。
❷「所」，張注本作「者」，《拾補》疑「所」在「以」下。
❸「可」下，原有「勝」字，據《拾補》、張校删。
❹「賊」，正嘉本、張注本作「疾」。

篡殺，女工難成而易弊，車器難就而易敗，車不累朞，器不終歲，一車千石，一衣十鍾。常民文杯畫案，机席緝蹯，❶婢妾衣紈履絲，匹庶粺飯肉食。里有俗，黨有場，康莊馳逐，窮巷蹹鞠，❷秉耒抱插，躬耕身織者寡，聚要斂容、傅白黛青者衆。❸無而爲有，貧而强夸，文表無裹，紈袴枲裝。❹生不養，死厚送。❺葬死殫家，❻遣女滿車。富者欲過，貧者欲及。富者空減，❼貧者稱貸。是以民年急而歲促，貧即寡耻，乏即少廉，此所以刑非誅惡而姦猶不止也，故國有嚴急之徵，❽即生前不足疾矣。」

❶「机」，正嘉本、張注本作「几」。「蹯」，《拾補》作「蹀」。
❷「蹹」，張注本作「蹋」。
❸「聚」，原作「娶」，據張校改。「容」上，原衍「從」字，據張校删。「傅」，原作「傳」，據《拾補》改。
❹「袴」，原作「跨」，據張校引華本改。
❺「送」，張注本作「葬」。
❻「葬」，張注本作「送」。
❼「減」，正嘉本、張注本、《拾補》作「藏」。
❽「急」上，原有「不」字，據《拾補》删。

鹽鐵論卷第六

散不足第二十九

大夫曰："吾以賢良爲少愈，乃反其幽明，若胡車相隨而鳴。諸生獨不見季夏之蜈乎？音聲入耳，秋風至而聲無。者生無易由言，不顧其患，患至而後默，晚矣。"

賢良曰："孔子讀史記，喟然而歎，傷正德之廢、君臣之危也。夫賢人君子，以天下爲任者也。任大者思遠，思遠者忘近。誠心閔悼，惻隱加爾，故忠心獨而無累。此詩人所以傷而作，比干、子胥遺身忘禍也。其惡勞人若斯之急，安能默乎？《詩》云：『憂心如惔，不敢戲談。』孔子栖栖，疾固也。墨子遑遑，閔世也。"

大夫默然。

丞相曰：❶"願聞散不足。"

❶ "相"下，張注本有"史"字。

賢良曰：「宮室輿馬，衣服器械，喪祭食飲，聲色玩好，人情之所不能已也。故聖人爲之制度以防之。間者，士大夫務於權利，怠於禮義，故百姓倣傚，頗踰制度。今故陳之，曰：

『古者穀物菜果，不時不食，鳥獸魚鼈，不中殺不食。故緻罔不入於澤，雜毛不取。今富者逐驅殲罔罝，掩捕麑鷇，躭湎沉猶鋪百川。❶鮮羔䍮，幾胎肩，❷皮黄口。春鵝秋鶵，冬葵温韭，浚茈蓼蘇，豐弈耳菜，毛果蟲貉。

『古者采椽茅茨，陶桴複穴，足禦寒暑、蔽風雨而已。及其後世，采椽不斲，茅茨不剪，無斲削之事、磨礱之功。大夫達棱楹，士潁首，庶人斧成木構而已。今富者井幹增梁，雕文檻楯，❸堊憂壁飾。❹

『古者衣服不中制，器械不中用，不粥於市。今民間雕琢不中之物，刻畫無用之器。玩好玄黄雜青，五色繡衣，戲弄蒲人雜婦，百獸馬戲鬭虎，唐銻追人，奇蟲胡妲。

『古者諸侯不秣馬，天子有命，以車就牧。庶人之乘者，馬足以代其勞而已。故行則服桅，止

---

❶「猶」，王利器本改作「酒」。
❷「幾」，原作「⿰羊幾」，「肩」，原作「扁」，據張校改。
❸「楯」，原作「脩」，據張校改。
❹「憂」，《拾補》作「夒」。

則就犂。今富者連車列騎，驂貳輜軿。中者微輿短轂，煩尾掌蹄。夫一馬伏櫪，當中家六口之食，亡丁男一人之事。

『古者庶人耋老而後衣絲，其餘則麻枲而已，故命曰布衣。及其後，則絲裏枲表，直領無褘，袍合不緣。夫羅紈文繡者，人君后妃之服也。繭紬縑練者，❶婚姻之嘉飾也。是以文繒薄織，不粥於市。今富者縟繡羅紈，❷中者素綈冰錦。❸常民而被后妃之服，褻人而居婚姻之飾。夫紈素之賈倍縑，縑之用倍紈也。

『古者椎車無柔，棧輿無植。及其後，木軨不衣，長轂數幅，蒲薦苙蓋，蓋無染絲之飾。大夫士則單複木具，❹盤韋柔革。常民染輿大軨蜀輪。今庶人富者銀黃華左搔，結綏韜杠。中者錯鑣塗采，珥靳飛軨。❺

『古者鹿裘皮冒，蹄足不去。及其後，大夫士狐貉縫腋，羔麑豹袪。庶人則毛綺袩彤，樸羝皮

---

❶「紬」，大典本作「細」。

❷「縟」，《太平御覽》作「綺」。

❸「冰錦」，原作「錦冰」，據王校乙正。

❹「複」，張注本作「椱」。

❺「軨」，原作「鈴」，據張校改。

傳。今富者鼲鼯，狐白鳧翥。中者罽衣金縷，燕鴼代黄。

『古者庶人賤騎繩控，革鞮皮薦而已，❶及其後，革鞍氂成，鐵鑣不飾。今富者鞼耳銀鑷韅，❷黄金琅勒，罽繡弇汙，垂珥胡鮮。中者染韋紹系，采畫暴乾。

『古者汙尊抔飲，❸蓋無爵觴樽俎。❹及其後，庶人器用即竹柳陶匏而已，❺唯瑚璉觴豆而後彫文彤漆。今富者銀口黄耳，金罍玉鍾。中者舒玉紵器，❻金錯蜀杯。夫一文杯得銅杯十，賈賤而用不殊。箕子之譏，始在天子，今在匹夫。

『古者燔黍食稗，而熚豚以相饗。❼其後，鄉人飲酒，老者重豆，少者立食，一醬一肉，旅飲而已。及其後，賓婚相召，則豆羹白飯，綦膾熟肉。今民間酒食，殽旅重疊，燔炙滿案，臑鼈膾腥，麑

---

❶「薦」，原作「廌」，據《拾補》改。

❷「鞼」，正嘉本、張注本、《拾補》作「韇」。

❸「抔」，原作「坏」，據《拾補》改。

❹「爵觴樽俎」，《太平御覽》作「爵樽觴豆」。

❺「竹」，張注本作「行」。「匏」，原作「瓠」，據《拾補》改。

❻「舒玉」，《太平御覽》作「野王」。

❼「熚」，《太平御覽》作「捭」。

卵鶉鷃撜拘，❶鮐鱧醘醘，衆物雜味。

『古者庶人春夏耕耘，秋冬收藏，昏晨力作，夜以繼日。《詩》云：「晝爾于茅，宵爾索綯，亟其乘屋，其始播百穀。」非膢臘不休息，非祭祀無酒肉。今賓昏酒食，接連相因，折醒什半，❷棄事相隨，慮無乏日。

『古者庶人糲食藜藿，非鄉飲酒膢臘祭祀無酒肉。故諸侯無故不殺牛羊，大夫士無故不殺犬豕。今閭巷縣佰，❸阡伯屠沽，無故烹殺，相聚野外。負粟而往，挈肉而歸。夫一豕之肉，得中年之收，十五斗粟，當丁男半月之食。

『古者庶人魚菽之祭，春秋脩其祖祠。士一廟，大夫三，以時有事于五祀，蓋無出門之祭。今富者祈名嶽，望山川，椎牛擊鼓，戲倡儛像。❹中者南居當路，水上雲臺，屠羊殺狗，鼓瑟吹笙。貧者雞豕五芳，衛保散臘，傾蓋社場。

『古者德行求福，故祭祀而寬。仁義求吉，故卜筮而希。今世俗寬於行而求於鬼，怠於禮而

---

❶「撜拘」，張校作「橙枸」。
❷「折醒」，《拾補》疑作「析酲」。
❸「縣佰」，張校作「懸宿」。
❹「像」，《拾補》作「隊」。

篤於祭，嫚親而貴勢，至妄而信日，聽訑言而幸得，出實物而享虛福。

『古者君子夙夜孳孳思其德，小人晨昏孜孜思其力。故君子不素飡，小人不空食。世俗飾僞行詐，爲民巫祝，以取釐謝，堅額健舌，或以成業致富，故憚事之人，釋本相學。是以街巷有巫，閭里有祝。

『古者無杠樠之寢，牀移之案。及其後世，庶人即采木之杠，葉華之樠。士不斤成，大夫葦莞而已。今富者黼繡帷幄，塗屏錯跗。中者錦綈高張，采畫丹漆。

『古者皮毛草蓐，無茵席之加，旃蒻之美。及其後，大夫士復薦草緣，蒲平單莞。庶人即草蓐索經，單藺蘧蒢而已。今富者繡茵翟柔，蒲子露林。中者獏皮代旃，闒坐平莞。

『古者不粥飪，❶不市食。及其後，則有屠沽，沽酒市脯魚鹽而已。今熟食偏列，殽施成市，❷作業墮怠，食必趣時，楊豚韭卵，狗膠馬朘，煎魚切肝，羊淹雞寒，蜩馬駱日，蹇捕庸脯，❸腼羔豆賜，鷇膹鴈羹，自鮑甘瓠，❹熱粱和炙。

❶「飪」，原作「絍」，據張校改。
❷「施」，張校作「旅」。
❸「庸」，王利器本據孫詒讓説改作「胃」。
❹「自」，王利器本據孫人和説改作「臭」。

「古者土鼓凷枹，擊木拊石，以盡其歡。及其後，❶卿大夫有管磬，士有琴瑟。往者民間酒會，各以黨俗，彈箏鼓缶而已，無要妙之音、變羽之轉。今富者鍾鼓五樂，歌兒數曹。中者鳴竽調瑟，鄭儛趙謳。

「古者瓦棺容尸，木板堲周，足以收形骸，藏髮齒而已。及其後，桐棺不衣，采椁不斲。今富者繡牆題湊，中者梓棺楩椁，貧者畫荒衣袍，繒囊緹橐。

「古者明器有形無實，示民不用也。及其後，則有醯醢之藏，桐馬偶人彌祭，其物不備。今厚資多藏，器用如生人。郡國繇吏，素桑楺偶車櫓輪，匹夫無貌領，❷桐人衣紈綈。

「古者不封不樹，反虞祭於寢，無壇宇之居，廟堂之位。及其後，則封之，庶人之墳半仞，其高可隱。今富者積土成山，列樹成林，臺榭連閣，集觀增樓。中者祠堂屏閤，垣闕罘罳。

「古者隣有喪，舂不相杵，巷不歌謠。孔子食於有喪者之側，未嘗飽也，子於是日哭，則不歌。今俗因人之喪以求酒肉，幸與小坐而責辨，❸歌舞俳優，連笑伎戲。

「古者男女之際尚矣，嫁娶之服，未之以記。及虞、夏之後，蓋表布内絲，骨笄象珥，封君夫人

---

❶「其」，原無，據張注本補。

❷「貌」，《拾補》作「完」，張校作「繞」。

❸「辨」，張注本作「辦」。

加錦尚褧而已。今富者皮衣朱貉，繁露環佩。❶中者長裾交褘，璧端簪珥。❷

『古者事生盡愛，送死盡哀。故聖人爲制節，非虛加之。今生不能致其愛敬，死以奢侈相高，雖無哀戚之心，而厚葬重幣者則稱以爲孝，顯名立於世，光榮著於俗。故黎民相慕效，至於發屋賣業。❸

『古者夫婦之好，一男一女而成家室之道。及後，士一妾，大夫二，諸侯有姪娣九女而已。今諸侯百數，卿大夫十數，中者侍御，富者盈室。是以女或曠怨失時，男或放死無匹。

『古者凶年不備，豐年補敗，仍舊貫而不改作。今工異變而吏殊心，壞敗成功，以匿厥意。意極乎功業，務存乎面目。積功以市譽，不恤民之急。田野不辟而飾亭落，邑居丘墟而高其郭。

『古者不以人力徇於禽獸，不奪民財以養狗馬，是以財衍而力有餘。今猛獸奇蟲不可以耕耘，而令當耕耘者養食之。百姓或短褐不完，而犬馬衣文繡，黎民或糠糟不接，而禽獸食肉。

『古者人君敬事愛下，使民以時，天子以天下爲家，臣妾各以其時供公職，今古之通義也。今縣官多畜奴婢，坐稟衣食，私作產業，爲姦利，力作不盡，縣官失實。百姓或無斗筲之儲，官奴累

---

❶「露」，原作「路」，據張注本改。

❷「端」，王利器本據陳遵默説改作「瑞」。

❸「發」，張注本作「廢」。

百金；黎民昏晨不釋事，奴婢垂拱遨遊也。

『古者親近而疏遠，貴所同而賤非類。不賞無功，不養無用。今蠻、貊無功，縣官居肆，廣屋大第，坐稟衣食。百姓或旦暮不贍，蠻、夷或厭酒肉。黎民泮汗力作，蠻、夷交脛肆踞。❶

『古者庶人鹿菲草芰，❷縮絲尚韋而已。及其後，則綦下不借，鞔鞮革舄。今富者革中名工，輕靡使容，紈裏紃下，越端縱緣。中者鄧里間作蒯苴。秦堅婢妾，韋沓絲履，走者茸芰狗官。

『古聖人勞躬養神，節欲適情，尊天敬地，履德行仁。是以上天歆焉，永其世而豐其年。故堯秀眉高彩，享國百載。及秦始皇覽怪迂，信禨祥，使盧生求羨門高，徐市等入海求不死之藥。當此之時，燕、齊之士，釋鋤耒，爭言神仙。方士於是趣咸陽者以千數，言仙人食金飲珠，然後壽與天地相保。於是數巡狩五嶽、濱海之館，以求神仙蓬萊之屬。數幸之郡縣，富人以貲佐，貧者築道旁。其後小者亡逃，大者藏匿。吏捕索掣頓，不以道理。名宮之旁，廬舍丘落，無生苗立樹。百姓離心，怨思者十有半。《書》曰：『享多儀，儀不及物，曰不享。』故聖人非仁義不載於己，非正道不禦於前。是以先帝誅文成、五利等，宣帝建學官，❸親近忠良，欲以絕怪惡之端，而昭至德之

❶「蠻」上，原衍「今」字，據王校刪。

❷「鹿」，張校作「麤」。「鹿菲草芰」，王校作「麄屝草履」。

❸「宣帝」，張注本作「陛下」，張校作「皇帝」。

塗也。

『宫室奢侈，林木之蠹也；器械雕琢，財用之蠹也；衣服靡麗，布帛之蠹也；狗馬食人之食，五穀之蠹也；口腹從恣，❶魚肉之蠹也；用費不節，府庫之蠹也；漏積不禁，田野之蠹也；喪祭無度，傷生之蠹也。墮成變故傷功，工商上通傷農。故一杯棬用百人之力，一屏風就萬人之功，其爲害亦多矣！目修於五色，耳營於五音，體極輕薄，口極甘脆，❷功積於無用，財盡於不急，口腹不可爲多。故國病聚不足即政怠，人病聚不足則身危。』」

丞相曰：「治聚不足奈何？」

救匱第三十

賢良曰：「蓋橈枉者過直，救文者以質。昔者晏子相齊，一狐裘三十載。故民奢，示之以儉；民儉，示之以禮。方今公卿大夫子孫，誠能節車輿，適衣服，躬親節儉，率以敦朴，罷園池，損田宅，内無事乎市列，外無事乎山澤，農夫有所施其功，女工有所粥其業。如是，則氣脉和平，無

❶「從」，張注本作「縱」。
❷「極」，大典本作「窮」。

聚不足之病矣。」

大夫曰：「孤子語孝，躄者語杖，貧者語仁，賤者語治。議不在己者易稱，從旁議者易是，其當局則亂。故公孫弘布被，倪寬練袍，衣若僕妾，食若庸夫。淮南逆於内，蠻、夷暴於外，盜賊不爲禁，奢侈不爲節。若疫歲之巫，徒能鼓口耳，何散不足之能治乎？」

賢良曰：「高皇帝之時，蕭、曹爲公，滕、灌之屬爲卿，濟濟然斯則賢矣。文、景之際，建元之始，大臣尚有争引守正之義。自此之後，多承意從欲，少敢直言面議而正刺，因公而徇私。故武安丞相訟園田，争曲直人主之前。夫九層之臺一傾，公輸子不能正；本朝一邪，伊、望不能復。故公孫丞相、倪大夫側身行道，分禄以養賢，卑己以下士，功業顯立，日力不足，無行人子産之繼。而葛繹、彭侯之等隳壞其緒，紕亂其紀，毁其客館議堂以爲馬廐婦舍，無養士之禮而尚驕矜之色，廉恥陵遲而争於利矣。故良田廣宅，民無所之。不恥爲利者滿朝市，列田畜者彌郡國，横暴掣頓，大第巨舍之旁，道路且不通，此固難醫而不可爲工。」

大夫勃然作色，默而不應。

鹽鐵箴石第三十一

丞相曰：❶「吾聞諸鄭長孫曰：❷『君子正顔色，則遠暴嫚；出辭氣，則遠鄙倍矣。』故言可述，行可則。此有司夙昔所願覩也。若夫劍客論、博奕辯，盛色而相蘇秦，❸立權以不相假，使有司不能取賢良之議，而賢良、文學被不遜之名，竊爲諸生不取也。公孫龍有言曰：『論之爲道辯，故不可以不屬意。屬意相寬，相寬其歸争，争而不讓則入於鄙。』今有司以不仁，又蒙素飡，無以更責雪耻矣。縣官所招舉賢良、文學，而及親民偉仕，亦未見其能用箴石而醫百姓之疾也。」

賢良曰：「賈生有言曰：『懇言則辭淺而不入，深言則逆耳而失指。』故曰：『談何容易。』談且不易，而况行之乎。此胡建所以不得其死，而吴得幾不免於患也。語曰：『五盗執一良人，枉木惡直繩。』今欲下箴石，通關鬲，則恐有盛、胡之累，懷箴橐艾，則被不工之名。『狼跋其胡，載疐其尾。』君子之路，行止之道固狹耳。此子石所以歎息也。」

---

❶「相」下，張注本有「史」字。

❷「孫」，張校作「者」。

❸「秦」，王利器本據孫詒讓説删此字。

除狹第三十二

大夫曰：「賢者處大林，遭風雷而不迷。愚者雖處平敞大路，猶暗惑焉。今守、相親剖符贊拜，莅一郡之衆，古方伯之位也。受命專制，宰割千里，不御於内。善惡在於己，己不能故耳，道何狹之有哉？」

賢良曰：「古之進士也，鄉擇而里選，論其才能，然後官之，勝職任然後爵而禄之。故士修之鄉曲，升諸朝廷，行之幽隱，明足顯著。疏遠無失士，小大無遺功。是以賢者進用，不肖者簡黜。今吏道壅而不選，❶富者以財賈官，勇者以死射功。戲車鼎躍，咸出補吏，累功積日，或至卿相。垂青繩，❷擐銀龜，擅殺生之柄，專萬民之命。弱者，猶使羊將狼也，其亂必矣。强者，則是予狂夫利劍也，必妄殺生也。是以往者郡國黎民相乘而不能理，或至鋸頸殺不辜而不能正。執綱紀非其道，蓋博亂愈甚。古者封賢禄能，不過百里。百里之中而爲都，疆垂不過五十。猶以爲一人之身，明不能照，聰不得達，故立卿、大夫、士以佐之，而政治乃備。今守、相或無古諸侯之賢，而

❶ 「壅」，《拾補》作「雍」。

❷ 「繩」，《拾補》疑作「綬」，張校作「純」。

蒞千里之政，主一郡之衆，施聖主之德，擅生殺之法，至重也。非仁人不能任，非其人不能行。一人之身，治亂在己，千里與之轉化，不可不熟擇也。故人主有私人以財，不私人以官，懸賞以待功，序爵以俟賢，舉善若不足，黜惡若仇讎，固爲其非功而殘百姓也。夫傅主德，❶開臣途，在於選賢而器使之，擇練守、相然後任之。」

疾貪第三十三

大夫曰：「然。爲醫以拙矣，又多求謝。爲吏既多不良矣，又侵漁百姓。長吏厲諸小吏，小吏厲諸百姓。故不患擇之不熟，而患求之與得異也。不患其不足也，患其貪而無厭也。」

賢良曰：「古之制爵禄也，卿大夫足以潤賢厚士，士足以優身及黨，❷庶人爲官者足以代其耕而食其禄。今小吏禄薄，郡國繇役，遠至三輔，粟米貴，不足相贍。常居則匱於衣食，有故則賣畜粥業。非徒是也，繇使相遣，❸官庭攝追，小計權吏，行施乞貸，長吏侵漁，上府下求之縣，❹縣求

❶「傅」，原作「傳」，據張注本改。
❷「士」，原無，據張校補。
❸「使」，正嘉本、張注本作「吏」。
❹「上府下求」，王校作「上下府求」。

之鄉，鄉安取之哉？語曰：『貨賂下流，猶水之赴下，不竭不止。』今大川江河飲巨海，巨海受之，而欲谿谷之讓流潦，百官之廉不可得也。夫欲影正者端其表，欲下廉者先之身，故貪鄙在率不在下，教訓在政不在民也。」

大夫曰：「賢不肖有質，而貪鄙有性，君子内潔己而不能純教於彼。故周公非不正管、蔡之邪，子産非不正鄧晳之僞也。夫内不從父兄之教，外不畏刑法之罪，周公、子産不能化，必也。今一二則責之有司，❶有司豈能縛其手足而使之無爲非哉？」

賢良曰：「駟馬不馴，御者之過也。百姓不治，有司之罪也。《春秋》刺譏不及庶人，責其率也。故古者大夫將臨刑，聲色不御，刑以當矣，猶三巡而嗟嘆之。其耻不能以化而傷其不全也。政教闇而不著，百姓顛蹶而不扶，猶赤子臨井焉，聽其入也。若此，則何以爲民父母？故君子急於教，緩於刑。刑一而正百，殺一而慎萬。是以周公誅管、蔡，而子産誅鄧晳也。刑誅一施，民遵禮義矣。夫上之化下，若風之靡草，無不從教。何一一而縛之也？」

---

❶「一二」，王利器本改作「一一」。

後刑第三十四

大夫曰：「古之君子，善善而惡惡。人君不畜惡民，農夫不畜無用之苗。無用之苗，苗之害也；無用之民，民之賊也。鉏一害而衆苗成，刑一惡而萬民悅。雖周公、孔子不能釋刑而用惡。家之有鉏子，器皿不居，況鉏民乎！民者教於愛而聽刑。❶故刑所以正民，鉏所以別苗也。」

賢良曰：「古者篤教以導民，明辟以正刑。刑之於治，猶策之於御也。良工不能無策而御，有策而勿用。聖人假法以成教，教成而刑不施。故威厲而不殺，刑設而不犯。今廢其紀綱而不能張，壞其禮義而不能防。民陷於罔從而獵之以刑，❷是猶開其闌牢，發以毒矢也，不盡不止。曾子曰：『上失其道，民散久矣。如得其情，即哀矜而勿喜。』夫不傷民之不治，而伐己之能得姦，猶弋者覩鳥獸挂罻羅而喜也。今天下之被誅者，不必有管、蔡之邪，鄧晳之僞，恐苗盡而不別，民欺而不治也。孔子曰：『人而不仁，疾之已甚，亂也。』故民亂反之政，政亂反之身，身正而天下定。是以君子嘉善而矜不能，恩及刑人，德潤窮夫，施惠悅爾，行刑不樂也。」

---

❶「教」，張校作「敎」。

❷「罔」，《群書治要》作「罪」。

授時第三十五

大夫曰：「共其地，居是世也，非有災害疾疫，獨以貧窮，非惰則奢也。無奇業旁入，而猶以富給，非儉則力也。今日施惠悦爾，❶行刑不樂，則是閔無行之人，而養惰奢之民也。故妄予不爲惠，惠惡者不爲仁。」

賢良曰：「三代之盛無亂萌，教也；夏、商之季世無順民，俗也。是以王者設庠序，明教化，以防道其民，及政教之洽，性仁而喻善。故禮義立則耕者讓於野，禮義壞則君子争於朝。人争則亂，亂則天下不均，故或貧或富。富則仁生，贍則争止。❷昏暮叩人門户，求水火，貪夫不悋，何則？所饒也。夫爲政而使菽粟如水火，民安有不仁者乎！」

大夫曰：「博戲馳逐之徒，皆富人子弟，非不足者也。故民饒則僭侈，富則驕奢，坐而委蛇，起而爲非，未見其仁也。夫居事不力，用財不節，雖有財如水火，窮乏可立而待也。有民不畜，有司雖助之耕織，其能足之乎？」

---

❶「曰」，張注本作「日」。

❷「則」下，原衍「民」字，據張校删。

賢良曰：「周公之相成王也，百姓饒樂，國無窮人，❶非代之耕織也。易其田疇，薄其稅斂，則民富矣。上以奉君親，下無飢寒之憂，則教可成也。《語》曰：『既富矣，又何加焉？曰：教之。』教之以德，❷齊之以禮，則民徙義而從善，❸莫不入孝出悌，夫何奢侈暴慢之有。《管子》曰：『倉廩實而知禮節，百姓足而知榮辱。』故民易與適禮，❹難與適道。」❺

大夫曰：「縣官之於百姓，若慈父之於子也。忠焉能勿誨乎？愛之而勿勞乎？故春親耕以勸農，賑貸以贍不足，通滀水，出輕繫，使民務時也。蒙恩被澤，而至今猶以貧困，其難與適道若是夫！」

賢良曰：「古者春省耕以補不足，秋省斂以助不給。民勤於財則貢賦省，民勤於力則功業牢。爲民愛力，不奪須臾。故召伯聽斷於甘棠之下，爲妨農業之務也。今時雨澍澤，種懸而不得播，秋稼零落乎野而不得收。田疇赤地而停落成市，發春而後，懸青幡而策土牛，殆非明主勸耕

❶「窮」下，原衍「乏」字，據《群書治要》《拾補》删。
❷「教之」，原無，據《群書治要》補。
❸「徙」，原作「從」，據《群書治要》改。
❹「民」上，《群書治要》有「富」字。
❺「難與適道」，《群書治要》無此四字。

稼之意，而春令之所謂也。」

水旱第三十六

大夫曰：「禹、湯聖主，后稷、伊尹賢相也，而有水旱之災。水旱，天之所爲；饑穰，陰陽之運也；非人力。故太歲之數，在陽爲旱，在陰爲水。六歲一饑，十二歲一荒。天道然，殆非獨有司之罪也。」

賢良曰：「古者政有德，❶則陰陽調、星辰理、風雨時。故循行於内，❷聲聞於外，爲善於下，福應於天。周公載紀而天下太平，❸國無夭傷，歲無荒年。當此之時，雨不破塊，風不鳴條，旬而一雨，雨必以夜。無丘陵高下皆熟。《詩》曰：『有渰萋萋，興雨祁祁。』今不省其所然，❹而曰：

❶「有德」，《群書治要》作「得」。
❷「循行」，《群書治要》作「行修」。
❸「載紀」，《群書治要》作「在上」。
❹「所」下，《群書治要》有「以」字。

『陰陽之運也』，非所聞也。《孟子》曰：『野有餓殍，❶不知收也；狗豕食人食，不知檢也。❷爲民父母，民饑而死，❸則曰：非我也，歲也。何異乎以刃殺之，則曰：非我也，兵也？』方今之務，在除饑寒之患，罷鹽、鐵，退權利，分土地，趣本業，養桑麻，❹盡地力也。寡功節用，則民自富。如是，則水旱不能憂，凶年不能累也。」

大夫曰：「議者貴其辭約而指明，可於衆人之聽，不至繁文稠辭，多言害有司化俗之計，而家人語。陶朱爲生，本末異徑，一家數事，而治生之道乃備。今縣官鑄農器，使民務本，不營於末，則無饑寒之累。鹽、鐵何害而罷？」

賢良曰：「農，天下之大業也。鐵器，民之大用也。器用便利，則用力少而得作多，農夫樂事勸功。用不具，則田疇荒，穀不殖，用力鮮，功自半。器便與不便，其功相什而倍也。縣官鼓鑄鐵器，大抵多爲大器，務應員程，不給民用。民用鈍弊，割草不痛，是以農夫作劇，得獲者少，百姓苦之矣。」

---

❶「餓」，《群書治要》作「死」。

❷「檢」，《群書治要》作「斂」。

❸「民」，《群書治要》作「見」。

❹「養」，《群書治要》作「食」。

大夫曰：「卒徒工匠，以縣官日作公事，財用饒，器用備。家人合會，褊於日而勤於用，鐵力不銷鍊，堅柔不和。故有司請總鹽、鐵，一其用，平其賈，以便百姓公私。雖虞、夏之爲治，不易於此。吏明其教，工致其事，則剛柔和，器用便。此則百姓何苦，而農夫何疾？」

賢良曰：「卒徒工匠，故民得占租鼓鑄、煮鹽之時，鹽與五穀同賈，器和利而中用。今縣官作鐵器，多苦惡，用費不省，卒徒煩而力作不盡。家人相一，父子戮力，各務爲善器，器不善者不集。農事急，輓運衍之阡陌之間。民相與市買，得以財貨五穀新弊易貨。❶或時貰民，❷不棄作業。置田器，各得所欲。更繇省約，縣官以徒復作，繕治道橋，諸發民便之。今總其原，壹其賈，器多堅䃘，善惡無所擇。吏數不在，器難得。家人不能多儲，多儲則鎮生。❸棄膏腴之日，遠市田器，則後良時。鹽、鐵賈貴，百姓不便。貧民或木耕手耨，土耰啖食。❹鐵官賣器不售，或頗賦與民。卒徒作不中呈，❺時命助之。發徵無限，更繇以均劇，故百姓疾苦之。古者千室之邑，百乘之家，

❶「易」，張校作「貿」。
❷「時」，張注本無此字。
❸「鎮」，張校作「鉎」。
❹「啖」，張校作「淡」。
❺「呈」，張注本作「程」。

陶冶工商，四民之求，足以相更。故農民不離畦畝而足乎田器，工人不斬伐而足乎陶冶，商人不耕田而足乎粟米，❶百姓各得其便，而上無事焉。是以王者務本不作末，去炫燿，除雕琢，湛民以禮，示民以樸，是以百姓務本而不營於末。」

❶「商人」，原無，據《拾補》補。

鹽鐵論卷第七

崇禮第三十七

大夫曰：「飾几杖，脩樽俎，爲賓非爲主也。炫燿奇怪，所以陳四夷，非爲民也。夫家人有客，尚有倡優奇變之樂，而況縣官乎？故列羽旄、陳戎馬，以示威武；奇蟲珍怪，所以示懷廣遠、明德，❶遠國莫不至也。」

賢良曰：「王者崇禮施德，上仁義而賤怪力，故聖人絶而不言。孔子曰：『言忠信，行篤敬，雖蠻貊之邦，❷不可棄也。』今萬方絶國之君奉贄獻者，❸懷天子之盛德而欲觀中國之禮儀。❹故設明堂、辟雍以示之，揚干戚、昭《雅》《頌》以風之。今乃以玩好不用之器、奇蟲不畜之獸、角抵諸

---

❶「明」下，王利器本據陳遵默説補「盛」字。

❷「蠻貊之邦」，《群書治要》作「之蠻貊」。

❸「者」上，《群書治要》有「見」字。

❹「盛」，《群書治要》作「威」。

戲炫燿之物陳夸之，❶殆與周公之待遠方殊。昔周公處謙以卑士，❷執禮以治天下，❸辭越裳之贄，見恭讓之禮。❹既與入文王之廟，是見大孝之禮也。目覩威儀干戚之容，耳聽清歌《雅》《頌》之聲，❺心充至德，欣然以歸。此四夷所以慕義内附，非重譯狄鞮來觀猛獸熊羆也。夫犀象兕虎，南夷之所多也；騾驢馲駞，北狄之常畜也。中國所鮮，外國賤之。南越以孔雀珥門户，崐山之旁以玉璞抵烏鵲。今貴人之所賤，珍人之所饒，非所以厚中國、明盛德也。隋、和，世之名寶也，❻而不能安危存亡。故喻德示威，惟賢臣良相，不在犬馬珍怪。是以聖王以賢爲寶，不以珠玉爲寶。昔晏子修之罇俎之間，而折衝乎千里。不能者，雖隋、和滿篋，無益於存亡。」

大夫曰：「晏子相齊三君，崔慶無道，刼其君，亂其國，靈公國圍，❼莊公弑死。景公之時，晉人來攻，取垂都，舉臨菑，邊邑削，城郭焚，宫室隳，寶器盡，何衝之所能折乎？由此觀之，賢良所

❶「以」，原無，據《群書治要》補。「諸」，《群書治要》作「之」。
❷「處謙以卑士」，《群書治要》作「處謙讓以交卑士」。
❸「禮」下，《群書治要》有「德」字，「治」下，原有「下」字，據《拾補》删。
❹「讓」，《群書治要》作「敬」。
❺「清」，《群書治要》作「升」。
❻「世」，原無，據《群書治要》補。
❼「國」，原作「同」，據張校改。

言，賢人爲寶，則損益無輕重也。」

賢良曰：「管仲去魯入齊，齊霸魯削，非恃其衆而歸齊也。❶伍子胥挾弓干闔閭，破楚入郢，非負其兵而適吴也。故賢者所在國重，所去國輕。楚有子玉得臣，文公側席；虞有宫之奇，晉獻不寐。夫賢臣所在，❷辟除開塞者亦遠矣。故《春秋》曰：『山有虎豹，葵藿爲之不採。國有賢士，邊境爲之不害』也。」❸

備胡第三十八

大夫曰：「鄙語曰：『賢者容不辱。』以世俗言之，鄉曲有桀，人尚辟之。今明天子在上，匈奴公爲寇，侵擾邊境，是仁義犯而藜藿採。❹昔狄人侵太王，匡人畏孔子，故不仁者，仁之賊也。是以縣官厲武以討不義，設機械以備不仁。」

賢良曰：「匈奴處沙漠之中，生不食之地，天所賤而棄之；無壇宇之居，男女之别；以廣野爲

---

❶「恃」，張校引華本作「持」。

❷「賢」，原無，據王校補。

❸「害」，大典本作「割」。

❹「採」上，原衍「不」字，據張校删。

閭里，以穹廬爲家室；衣皮蒙毛，食肉飲血；會市行，牧豎居，如中國之麋鹿耳。好事之臣求其義、責之禮，使中國干戈至今未息，萬里設備。此《兔罝》之所刺，故小人非公侯腹心干城也。」

大夫曰：「天子者，天下之父母也。四方之衆，其義莫不願爲臣妾。然猶修城郭，設關梁，厲武士，備衛於宫室，所以遠折難而備萬方者也。今匈奴未臣，雖無事，欲釋備，如之何？」

賢良曰：「吴王所以見禽於越者，以其越近而陵遠也。秦所以亡者，以外備胡、越而内亡其政也。夫用軍於外，政敗於内，備爲所患，增主所憂。故人主得其道，則遐邇潛行而歸之，文王是也。不得其道，則臣妾爲寇，秦王是也。夫文衰則武勝，德盛則備寡。」

大夫曰：「往者四夷俱强，並爲寇虐：朝鮮踰徼，刼燕之東地。東越東海，略浙江之南。南越内侵，滑服令。氐、僰、冉、駹、嶲唐、昆明之屬，❶擾隴西、巴、蜀。今三垂已平，唯北邊未定。夫一舉則匈奴震懼中外，❷釋備，而何寡也？」

賢良曰：「古者君子立仁修義，以綏其民，故邇者習善，遠者順之。是以孔子仕於魯，前仕三月及齊平，後仕三月及鄭平，務以德安近而綏遠。當此之時，魯無敵國之難、鄰境之患。强臣變

---

❶ 「僰」，原作「棘人」，據《拾補》改。

❷ 「震懼中外」，原作「中外震懼」，據王校乙正。

節而忠順，故季桓隳其都城。大國畏義而合好，齊人來歸鄆、讙、龜陰之田。故爲政而以德，非獨辟害折衝也，所欲不求而自得。今百姓所以囂囂，中外不寧者，咎在匈奴。内無室宇之守，外無田疇之積，隨美草甘水而驅牧，匈奴不變業，而中國以騷動矣。風合而雲解，就之則亡，擊之則散，未可一世而舉也。」

大夫曰：「古者明王討暴衛弱，定傾扶危，則小國之君悦。❶討暴定傾，則無罪之人附。今不征伐，則暴害不息。不備，則是以黎民委敵也。《春秋》貶諸侯之後，刺不卒戍。行役戍備，自古有之，非獨今也。」

賢良曰：「匈奴之地廣大，而戎馬之足輕利，其勢易騷動也。利則虎曳，病則鳥折，辟鋒鋭而牧罷極。❷少發則不足以更適，多發則民不堪其役。役煩則力罷，用多則財乏。二者不息，則民遺怨，此秦之所失民心、隕社稷也。古者天子封畿千里，繇役五百里，勝聲相聞，疾病相恤。無過時之師，無踰時之役。内節於民心，而事適其力。是以行者勸務，而止者安業。今山東之戎馬甲士戍邊郡者，絶殊遼遠，身在胡、越，心懷老母。老母垂泣，室婦悲恨，推其飢渴，念其寒苦。《詩》

❶「則」上，張注本有「衛弱扶危」四字。
❷「牧」，張校作「收」。

云：『昔我往矣，楊柳依依。我今來思，雨雪霏霏。行道遲遲，載渴載飢。我心傷悲，莫之我哀。』故聖人憐其如此，閔其久去父母妻子，暴露中野，居寒苦之地，故春使使者勞賜，舉失職者，所以哀遠民而慰撫老母也。德惠甚厚，而吏未稱奉職承詔以存恤，或侵侮士卒，與之爲市，并力兼作，使之不以理故也。士卒失職，而老母妻子感恨也。宋伯姬愁思而宋國火，魯妾不得意而魯寢災。今天下不得其意者，非獨西宮之女、宋之老母也。《春秋》動衆則書，重民也。宋人圍長葛，譏久役也。君子之用心必若是。」

大夫默然不對。

執務第三十九

丞相曰：❶「先王之道，軼久而難復，❷賢良、文學之言，深遠而難行。夫稱上聖之高行，道至德之美言，非當世之所能及也。願聞方今之急務，可復行於政，使百姓咸足於衣食，無乏困之憂；風雨時，五穀熟，螟螣不生，天下安樂；盗賊不起，流人還歸，各反其田里；吏皆廉正，故以奉

❶「相」下，張注本有「史」字。

❷「久」，原作「人」，據《拾補》改。

職，元元各得其理也。」

賢良曰：「孟子曰：『堯、舜之道，非遠人也，而人不思之耳。』《詩》云：『求之不得，寤寐思服。』有求如《關雎》，好德如《河廣》，何不濟不得之有？故高山仰止，景行行止，雖不能及，離道不遠也。顏淵曰：『舜獨何人也，回何人也？』夫思賢慕能，從善不休，則成、康之俗可致，而唐、虞之道可及。公卿未思也，先王之道何遠之有？齊桓公以諸侯思王政，憂周室，匡諸夏之難，平夷狄之亂，存亡接絶，信義大行，著于天下。邵陵之會，予之爲主。傳曰：『予積也。』故土積而成山阜，水積而成江海，行積而成君子。孔子曰：『吾於《河廣》，知德之至也。』而欲得之，各反其本，復諸古而已。古者行役不踰時，春行秋反，秋行春來，❶寒暑未變，衣服不易，固已還矣。夫婦不失時，人安和如適。獄訟平，刑罰得，則陰陽調，風雨時。上不苛擾，下不煩勞，各修其業，安其性，則螟螣不生，而水旱不起。賦歛省而農不失時，則百姓足，而流人歸其田里。上清静而不欲，則下廉而不貪。若今則繇役極遠，盡寒苦之地，危難之處，涉胡、越之域，今兹往而來歲旋，父母延頸而西望，男女怨曠而相思，身在東楚，志在西河。故一人行而鄉曲恨，一人死而萬人悲。《詩》云：『王事靡盬，不能藝稷黍，父母何怙？』『念彼恭人，涕零如雨。豈不懷歸？畏此罪罟。』

❶「行」，張注本、《拾補》作「往」。

吏不奉法以存撫，倍公任私，各以其權充其嗜欲，人愁苦而怨思，上不恤理，則惡政行而邪氣作。邪氣作，則蟲螟生而水旱起。❶ 若此，雖禱祀雩祝，用事百神無時，豈能調陰陽而息盜賊矣？」

能言第四十

大夫曰：「盲者口能言白黑，而無目以別之。儒者口能言治亂，無能以行之。夫坐言不行，則牧童兼烏獲之力，逢須苞堯、舜之德。故使言而近，則儒者何患於治亂，而盲人何患於白黑哉！言之不出，耻躬之不逮。故卑而言高，能言而不能行者，君子耻之矣。」

賢良曰：「能言而不能行者，國之寶也；能行而不能言者，國之用也；兼此二者，君子也；無一者，烏獲、逢須也。❷ 言滿天下，德覆四海，周公是也。口言之，躬行之，豈若默然載施其行而已。❸ 則執事亦何患何耻之有？今道不舉而務小利，慕於不急以亂群意，君子雖貧，勿爲可也。藥酒，病之利也。正言，治之藥也。公卿誠能自强自忍，食文學之至言，去權詭，罷利官，一歸之於民，親以周公之道，則天下治而頌聲作。儒者安得治亂而患之乎？」

❶「蟲螟」，張注本作「螟螣」。

❷「烏獲」，王利器本據俞樾説改作「牧童」。

❸「施」，張校作「尸」。

鹽鐵取下第四十一

大夫曰：「不軌之民，困橈公利而欲擅山澤。從文學、賢良之意，則利歸於下，而縣官無可爲者。上之所行則非之，上之所言則譏之，專欲損上徇下，虧主而適臣，尚安得上下之義、君臣之禮，而何頌聲能作也？」

賢良曰：「古者上取有量，自養有度，樂歲不盜，年饑則肆，用民之力不過歲三日，籍斂不過十一。君篤愛，臣盡力，上下交讓，天下平。『浚發爾私』，上讓下也。『遂及我私』，先公職也。孟子曰：『未有仁而遺其親，義而後其君也。』君君臣臣，何爲其無禮義乎？及周之末塗，德惠塞而嗜欲衆，君奢侈而上求多，民困於下，怠於公乎，❶是以有履畝之税，《碩鼠》之詩作也。衛靈公當隆冬興衆穿池，海春諫曰：❷『天寒，百姓凍餒，願公之罷役也。』公曰：『天寒哉？❸我何不寒哉？』人之言曰：❹『安者不能恤危，飽者不能食饑。』故餘粱肉者難爲言隱約，處佚樂者難爲言

❶「公乎」，張注本作「公事」，張校作「上公」。
❷「海」，張注本作「宛」。
❸「天寒哉」，《群書治要》作「天下寒乎哉」。
❹「人」上，《群書治要》有「海春曰」三字。

勤苦。夫高堂邃宇、廣厦洞房者，不知專屋狹廬、上漏下濕者之瘤也；❶繫馬百駟、貨財充内、儲陳納新者，不知有旦無暮、稱貸者之急也；❷廣第唐園、良田連比者，不知無運踵之業、竄頭宅者之役也；原馬被山、牛羊滿谷者，不知無孤豚瘠犢者之窶也；高枕談卧、無叫號者，不知憂私責與吏正戚者之愁也；被紈躡韋、搏粱齧肥者，不知短褐之寒、糖粝之苦也；❸從容房闈之間、垂拱持案食者，不知蹠耒躬耕者之勤也；乘堅驅良、列騎成行者，不知負擔步行者之難也；❹同牀旃席、侍御滿側者，❺不知負輅輓船、登高絶流者之難也；衣輕暖、被英裘、處温室、載安車者，不知乘邊城、飄胡代、鄉清風者之危寒也；❻妻子好合、子孫保之者，❼不知老母之顛頓、匹婦之悲恨

❶「瘤」，《群書治要》作「痛」，張校作「病」。
❷「也」，原無，據《群書治要》、張校、王校補。
❸「粝」，張校作「秳」。
❹「擔」，原作「檐」，據正嘉本、張注本、《群書治要》改。「難」，《群書治要》作「勞」。
❺「同牀旃席」，《群書治要》作「匡牀蒻席」。
❻「邊」，《群書治要》作「長」。「飄」，《群書治要》作「眺」。
❼「者」，原無，據《群書治要》補。

也；耳聽五音、目視弄優者，不知蒙流矢、距敵方外之死亡也；❶東嚮伏几、振筆如調文者，❷不知木索之急、箠楚之痛也；❸坐旃茵之上，安圖籍之言若易然，❹亦不知步涉者之難也。昔商鞅之任秦也，刑人若刈菅茅，❺用師若彈丸，從軍旅者暴骨長城，戍漕者輦車相望，❻生而往，死而旋，彼獨非人子耶？故君子仁以恕，義以度，所好惡與天下共之，所不施不仁者。公劉好貨，居者有積，行者有囊。大王好色，内無怨女，外無曠夫。文王作刑，國無怨獄。武王行師，士樂爲之死，民樂爲之用。若斯，則民何苦而怨，何求而譏？」

公卿愀然，寂若無人。於是遂罷議止詞。

奏曰：「賢良、文學不明縣官事，猥以鹽、鐵爲不便。❼請且罷郡國榷沽、關内鐵官。」

奏可。

---

❶「死亡」，原作「死者」，據《群書治要》改。
❷「調文」，原作「文調」，據《群書治要》、王校乙正。
❸「木」，原作「求」，「痛」下，原有「者」字，據《群書治要》改、删。
❹「易」，張注本重文。
❺「茅」，原作「芳」，據《群書治要》改。
❻「輦」，《群書治要》作「輜」。
❼「爲」上，原衍「而」字，據《拾補》删。

擊之第四十二

賢良、文學既拜，❶咸取列大夫，辭丞相、御史。

大夫曰：「前議公事，賢良、文學稱引往古，頗乖世務。論者不必相反，期於可行。往者縣官未事胡、越之時，邊城四面受敵，北邊尤被其苦。先帝絶三方之難，撫從方國以爲蕃蔽，窮極郡國以討匈奴。❷匈奴壤界獸圈，孤弱無與，此困亡之時也。遼遠不遂，使得復喘息，休養士馬，負紿西域。西域迫近胡寇，沮心内解必爲巨患。是以主上欲掃除，煩倉廪之費也。終日逐禽，罷而釋之，則非計也。蓋舜紹緒，禹成功。今欲以小舉擊之，何如？」

文學曰：「異時，縣官修輕賦，公用饒，人富給。其後保胡、越，通四夷，費用不足。於是興利害，筭車舡，以訾助邊，贖罪告緡，與人以患矣。甲士死於軍旅，中士罷於轉漕，仍之以科適，吏徵發極矣。夫勞而息之，極而反本，古之道也，雖舜、禹興，不能易也。」

大夫曰：「昔夏后底洪水之災，百姓孔勤，罷於籠臿，及至其後，咸享其功。先帝之時，郡國

❶「文」上，原衍「曰」字，據《拾補》、張校删。

❷「郡」，張校作「群」。

頗煩於戎事，然亦寬三陲之役。語曰：『見機不遂者隕功。』一日違敵，❶累世爲患。休勞用供，困弊乘時。帝王之道，聖賢之所不能失也。功業有緒，惡勞而不卒，猶耕者勌休而困止也。夫事輟者無功，耕怠者無獲也。」

文學曰：「地廣而不得者國危，❷兵强而凌敵者身亡。虎兕相據而螻蟻得志，❸兩敵相機而匹夫乘間。是以聖王見利慮害，見遠存近。方今爲縣官計者，莫若偃兵休士，厚幣結和親，修文德而已。若不恤人之急，不計其難，弊持以窮無用之地，亡十獲一，非文學之所知也。」

❶「違」，張校作「遺」。
❷「得」，張注本作「德」。
❸「據」，《群書治要》作「搏」。

鹽鐵論卷第八

結和第四十三

大夫曰:「漢興以來,修好結和親,所聘遺單于者甚厚。然不紀重質厚賂之故改節,而暴害滋甚。先帝覩其可以武折而不可以德懷,故廣將帥,招奮擊,以誅厥罪。功勳粲然,著於海内,藏於記府,何命『亡十獲一』乎? 夫偷安者後危,慮近者憂邇,賢者離俗,智士權行。君子所慮,衆庶疑焉。故民可與觀成,不可與圖始。此有司所獨見,而文學所不覩。」

文學曰:「往者匈奴結和親,諸夷納貢,即君臣外内相信,無胡、越之患。當此之時,上求寡而易贍,民安樂而無事,耕田而食,桑麻而衣,家有數年之稸,縣官餘貨財,閭里耆老或及其澤。自是之後,退文任武,苦師勞衆,以略無用之地,立郡沙石之間,民不能自守,發屯乘城,輓輦而贍之。愚竊見其亡,不覩其成。」

大夫曰:「匈奴以虚名市於漢而實不從,數爲蠻、貊所紿,不痛之,何故也? 高皇帝仗劍定九州,今以九州而不行於匈奴。閭里常民尚有梟散,况萬里之主與小國之匈奴乎! 夫以天下之力勤何不權？❶以天下之士民何不服？今有帝名而威不信長城，❷反賂遺而尚踞敖，此五帝所不忍、三王所畢怒也。」

文學曰：「湯事夏而卒服之，周事殷而卒滅之。故以大御小者王，以强凌弱者亡。聖人不困其衆以兼國，良御不困其馬以兼道。故造父之御不失和，聖人之治不倍德。秦攝利衡以御宇內，❸執脩箠以笞八極，驂服以罷而鞭策愈加，故有傾衡遺箠之變。士民非不衆，力勤非不多也，皆內倍外附而莫爲用。此高皇帝所以仗劍而取天下也。夫兩主好合，內外交通，天下安寧，世世無患，士民何事？三王何愁焉？」

大夫曰：「伯翳之始封秦，地爲七十里。穆公開霸，孝公廣業。自卑至上，自小至大。故先祖基之，子孫成之。軒轅戰涿鹿，殺兩皡、蚩尤而爲帝。湯、武伐夏、商，誅桀、紂而爲王。黄帝以戰成功，湯、武以伐成孝。故手足之勤，腹腸之養也。當世之務，後世之利也。今四夷內侵，不攘，萬世必有此長患。先帝興義兵以誅暴强，東滅朝鮮，西定冉、駹，南擒百越，北挫强胡，李牧追

❶「權」，《拾補》作「摧」。
❷「長城」上，王校有「於」字。「長城」下，王校有「之外」二字。
❸「衡」，《太平御覽》作「銜」。下「衡」字同。

匈奴以廣北州，❶湯、武之舉，蚩尤之兵也。故聖主斥地，非私其利，用兵，非徒奮怒也，所以匡難辟害，以爲黎民遠慮。」

文學曰：「秦南禽勁越，北却强胡，竭中國以役四夷，人罷極而主不恤，國内潰而上不知。是以一夫倡而天下和，兵破陳涉，地奪諸侯，何嗣之所利？《詩》云：『雍雍鳴鳱，旭日始旦。』登得前利，不念後咎。故吴王知伐齊之便，而不知干遂之患。秦知進取之利，而不知鴻門之難。是以知一而不知十也。周謹小而得大，秦欲大而亡小。語曰：『前車覆，後車戒。』『殷監不遠，在夏后之世』矣。」

誅秦第四十四

大夫曰：「秦、楚、燕、齊，周之封國也。三晉之君，齊之田氏，諸侯家臣也。内守其國，外伐不義，地廣壤進，故立號萬乘而爲諸侯。宗周室，脩禮長文，然國翦弱，不能自存，東攝六國，西畏於秦，身以放遷，宗廟絶祀。賴先帝大惠，紹興其後，封嘉潁川，號周子男君。❷秦既并天下，東

❶「李牧」，王校以爲衍文。
❷「男」，《拾補》作「南」。

絶沛水，并滅朝鮮，南取陸梁，北却胡、狄，西略氐、羌，立帝號，朝四夷。舟車所通，足迹所及，靡不畢至，非服其德，畏其威也。力多則人朝，力寡則朝於人矣。」

文學曰：「禹、舜，堯之佐也；湯、文，夏、商之臣也。其所以從八極而朝海内者，非以陸梁之地、兵革之威也。秦、楚、三晉號萬乘，不務積德而務相侵，搆兵争强而卒俱亡。雖以進壤廣地，如食茼之充腸也，欲其安存，何可得也？夫禮讓爲國者若江、海，❶流彌久不竭，其本美也。苟爲無本，若蒿火暴怒而無繼，其亡可立而待，戰國是也。周德衰，然後列於諸侯，至今不絶。秦力盡而滅其族，安得朝人也！」

大夫曰：「中國與邊境，猶支體與腹心也。夫肌膚寒於外，腹腸疾於内，内外之相勞，非相爲助也。脣亡則齒寒，支體傷而心憯怛。故無手足則支體廢，無邊境則内國害。昔者戎狄攻太王於邠，踰岐、梁而與秦界於涇、渭，東至晉之陸渾，侵暴中國，中國疾之。今匈奴蠶食内侵，遠者不離其苦，獨邊境蒙其敗。《詩》云：『憂心慘慘，念國之爲虐。』不征備，則暴害不息。故先帝興義兵以征厥罪，遂破祁連、天山，散其聚黨，北略至龍城，大圍匈奴，單于失魂，僅以身免，乘奔逐北，斬首捕虜十餘萬。控弦之民，旃裘之長，莫不沮膽，挫折遠遁，遂乃振旅。渾耶率其衆以降，置五

❶「海」，大典本作「湖」。

屬國以距胡，則長城之内，河、山之外，罕被寇菑。於是下詔令，減戍漕，寬徭役。初雖勞苦，卒獲其慶。」

文學曰：「周累世積德，天下莫不願以爲君，故不勞而王，恩施由近及遠，而蠻、貊自至。秦任戰勝以并天下，小海内而貪胡、越之地，使蒙恬擊胡，取河南以爲新秦，而亡其故秦，築長城以守胡，而亡其所守。往者兵革亟動，師旅數起，長城之北，旋車遺鏃相望。及李廣利等輕計還馬足，莫不寒心，雖得渾耶，不能更所亡。此非社稷之至計也。」

伐功第四十五

大夫曰：「齊桓公越燕伐山戎，破孤竹，殘令支。趙武靈王踰句注，過代谷，略滅林胡、樓煩。燕襲走東胡，辟地千里，度遼東而攻朝鮮。蒙公爲秦擊走匈奴，若鷙鳥之追群雀。匈奴勢慴，不敢南面而望十餘年。及其後，蒙公死而諸侯叛秦，中國擾亂，匈奴紛紛，乃敢復爲邊寇。夫以小國燕、趙，尚猶却寇虜以廣地，今以漢國之大、士民之力，非特齊桓之衆，燕、趙之師也；然匈奴久未服者，群臣不并力，上下未諧故也。」

文學曰：「古之用師，非貪壤土之利，救民之患也。民思之，若旱之望雨，❶簞食壺漿以逆王師。故憂人之患者，民一心而歸之，湯、武是也。不愛民之死，力盡而潰叛者，秦王是也。孟子曰：『君不鄉道，不由仁義，而爲之强戰，雖克必亡。』此中國所以擾亂，非蒙恬死而諸侯叛秦。昔周室盛也，越裳氏來獻，百蠻致貢。其後周衰，諸侯力征，蠻、貊分散，各有聚黨，莫能相一，是以燕、趙能得意焉。其後匈奴稍强，蠶食諸侯，故破走月氏，❷因兵威徙小國引弓之民，并爲一家，一意同力，故難制也。前君爲先帝畫匈奴之策：『兵據西域，奪之便勢之地，以候其變。以漢之强，攻於匈奴之衆，若以强弩潰癰疽。越之禽吴，豈足道哉。』上以爲然。用君之義，聽君之計，雖越王之任種、蠡不過。以搜粟都尉爲御史大夫，持政十有餘年，未見種、蠡之功，而見靡弊之効，匈奴不爲加俛，而百姓黎民以敝矣。是君之策不能弱匈奴，而反衰中國也。善爲計者，固若此乎？」

---

❶「若」，正嘉本作「者」，張注本作「者若」。

❷「氏」上，原衍「支」字，據張校删。

西域第四十六

大夫曰：「往者匈奴據河、山之險，擅田牧之利，民富兵强，行入爲寇，則句注之内驚動，而上郡以南咸城。文帝時，虜入蕭關，烽火通甘泉，群臣懼不知所出，乃請屯京師以備胡。胡西役大宛、康居之屬，南與群羌通。先帝推讓斥奪廣饒之地，❶建張掖以西，隔絶羌、胡，瓜分其援。是以西域之國皆内拒匈奴，斷其右臂，曳劍而走。故募人田畜以廣用，長城以南，濱塞之郡，馬牛放縱，❷蓄積布野，未覩其計之所過也。夫以弱越而遂意强吴，才地計衆非鈞也，主思臣謀，其往必矣。」

文學曰：「吴、越迫於江、海，三川循環之，處於五湖之間，地相迫，壤相次，其勢易以相禽也。金鼓未聞，旌旗未舒，行陣未定，兵以接矣。師無輜重之費，士無乏絶之勞，此所謂食於厨倉而戰於門郊者也。今匈奴牧於無窮之澤，東西南北不可窮極，雖輕車利馬不能得也，況負重羸兵以求

❶「讓」，張校作「攘」。

❷「放」，正嘉本作「故」。

之乎？❶其勢不相及也。茫茫乎若行九皐，未知所止；皓皓乎若無網羅而漁江、海，❷雖及之，三軍罷弊，適遺之餌也。故明王知其所無利，以爲役不可數行，而權不可久張也。故詔公卿大夫、賢良、文學，所以復枉興微之路。公卿宜思百姓之急，匈奴之害，緣聖主之心，定安平之業。今乃留心於末計，雖本議不順上意，❸未爲盡於忠也。」

大夫曰：「初，貳師不克宛而還也，議者故使人主不遂忿，❹則西域皆瓦解而附於胡，胡得衆國而益强。先帝絶奇聽，行武威，還襲宛，宛舉國以降，効其器物，致其寶馬。烏孫之屬駭膽，請爲臣妾。匈奴失魄，奔走遁逃，雖未盡服，遠處寒苦墝埆之地，壯者死於祁連、天山，其孤未復。故群臣議以爲匈奴困於漢兵，折翅傷翼，可遂擊服。會先帝棄群臣，以故匈奴不革。譬如爲山，未成一簣而止，度功業而無斷成之理，是棄與胡而資强敵也。輟幾沮成，❺爲主計若斯，亦未可謂盡忠也。」

❶「羸」，張校作「羸」。
❷「皓皓」，王校作「浩浩」。
❸「雖」，張校作「摧」。
❹「故」，張校作「欲」。
❺「沮」，原作「且」，據正嘉本、張注本改。

文學曰：「有司言外國之事，議者皆激一時之權，❶不慮其後。張騫言大宛之天馬汗血，安息之真玉大鳥，縣官既聞如甘水焉，❷乃大興師伐宛，歷數期而後克之。夫萬里而攻人之國，兵未戰而物故過半，雖破宛得寶馬，非計也。當此之時，將卒方赤面而事四夷，❸師旅相望，郡國並發，黎人困苦，姦僞萌生，盜賊並起，守尉不能禁，城邑不能止。然後遣上大夫衣繡衣以興擊之。當此時，百姓元元，莫必其命。故山東豪傑，頗有異心。賴先帝聖靈斐然。其咎皆在於欲畢匈奴而遠幾也。爲主計若此，可謂忠乎？」

世務第四十七

大夫曰：「諸生妄言。議者令可詳用，無徒守椎車之語，滑稽而不可修。❹夫漢之有匈奴，譬若木之有蠹，如人有疾，不治則寖以深。故謀臣以爲擊奪以困極之。諸生言以德懷之，此有其語而不可行也。諸生上無以似三王，下無以似近秦，令有司可舉而行當世，安蒸庶而寧邊境

❶「激」，張校作「徼」。
❷「水」，張校作「心」。
❸「卒」，《拾補》作「率」。
❹「修」，王利器本據陳遵默説改作「循」。

者乎？」

文學曰：「昔齊桓公内附百姓，外綏諸侯，存亡接絶，而天下從風。其後德虧行衰，葵丘之會，振而矜之，叛者九國。《春秋》刺其不崇德而崇力也。故任德，則强楚告服，遠國不召而自至；任力，則近者不親，小國不附。此其效也。誠上觀三王之所以昌，下論秦之所以亡，中述齊桓所以興，去武行文，廢力尚德，罷關梁，除障塞，以仁義導之，則北垂無寇虜之憂，中國無干戈之事矣。」

大夫曰：「事不豫辨，不可以應卒。内無備，不可以禦敵。《詩》云：『詰爾民人，❶謹爾侯度，用戒不虞。』故有文事，必有武備。昔宋襄公倍楚而不備，以取大辱焉，身執囚而國幾亡。故雖有誠信之心，不知權變，危亡之道也。《春秋》不與夷狄中國爲禮，❷爲其無信也。匈奴貪狼，❸因時而動，乘可而發，飈舉電至。而欲以誠信之心，金帛之寶，而信無義之詐，是猶親蹠、蹻而扶猛虎也。」

❶「詰」，張注本作「詰」。「民人」，《拾補》作「人民」。

❷「不與夷狄中國爲禮」，張注本作「不與中國爲禮」，《拾補》作「不與夷狄與中國爲禮」，張校作「不與夷狄之執中國」。

❸「狼」，張注本作「狠」。

文學曰：「《春秋》『王者無敵』，言其仁厚，其德美，天下賓服，莫敢交也。❶德行延及方外，舟車所臻，足迹所及，莫不被澤。蠻、貊異國，重譯自至。方此之時，天下和同，君臣一德，外内相信，上下輯睦。兵設而不試，干戈閉藏而不用。❷老子曰：『兕無所用其角，螫蟲無所輸其毒。』故君仁莫不仁，君義莫不義。世安得跖、蹻而親之乎？」

大夫曰：「布心腹，質情素，信誠内感，義形乎色。宋華元、楚司馬子反之相覩也，符契内合，誠有以相信也。今匈奴挾不信之心，懷不測之詐，見利如前，乘便而起，潛進市側，❸以襲無備。是猶措重寶於道路而莫之守也。求其不亡，何可得乎？」

文學曰：「誠信著乎天下，醇德流乎四海，則近者哥謳而樂之，遠者執禽而朝之。故正近者不以威，來遠者不以武，德義修而任賢良也。故民之於事，辭佚而就勞；於財也，辭多而就寡。上下交讓，道路鴈行。方此之時，賤貨而貴德，重義而輕利，賞之不竊，何寶之守也！」

---

❶「交」上，原衍「受」字，據張校删。
❷「閉」，張注本作「蔽」。
❸「市」，張校作「司」。

和親第四十八

大夫曰：「昔徐偃王行義而滅，❶好儒而削。知文而不知武，知一而不知二。故君子篤仁以行，然必築城以自守，設械以自備，爲不仁者之害己也。是以古者蒐獮振旅而數軍實焉，恐民之愉佚而亡戒難。故兵革者國之用，城壘者國之固也。而欲罷之，是去表見裏，示匈奴心腹也。匈奴輕舉潛進，以襲空虛，是猶不介而當矢石之蹊，禍必不振。此邊境之所懼，而有司之所憂也。」

文學曰：「往者通關梁，❷交有無，自單于以下，皆親漢内附，往來長城之下。其後王恢誤謀馬邑，匈奴絶和親，故當路結，禍紛拏而不解，兵連而不息，邊民不解甲弛弩，行數十年，介胄而耕耘，鉏耰而候望，燧燔烽舉，丁壯弧弦而出鬭，老者超越而入葆。言之足以流涕寒心，則仁者不忍也。《詩》云：『投我以桃，報之以李。』未聞善往而有惡來者。故君子敬而無失，與人恭而有禮，四海之内皆爲兄弟也。故内省不疚，夫何憂何懼？」

大夫曰：「自春秋諸夏之君，會聚相結，三會之後，乖離相疑，伐戰不止。六國從親，冠帶相

---

❶「王行」，原作「行王」，據正嘉本、張注本乙正。

❷「梁」，張校作「市」。

接，然未嘗有堅約。況禽獸之國乎！《春秋》存君在楚，詰鼬之會書公，紿夷狄也。匈奴數和親而常先犯約，貪侵盜驅，長詐謀之國也。反復無信，百約百叛，若朱、象之不移，商均之不化。而欲信其用兵之備，親之以德，亦難矣！」

文學曰：「王者中立而聽乎天下，德施方外，絕國殊俗，臻於闕庭，鳳皇在列樹，麒麟在郊藪，群生庶物莫不被澤。非足行而仁辦之也，推其仁恩而皇之，誠也。范蠡出於越，由余長於胡，皆爲霸王賢佐。故政有不從之教，而世無不可化之民。《詩》云：『酌彼行潦，挹彼注兹。』故公劉處戎、狄，戎、狄化之。大王去豳，豳民隨之。周公修德，而越裳氏來。其從善如影響。爲政務以德親近，何憂於彼之不改？」

鹽鐵論卷第九

繇役第四十九

大夫曰：「屠者解分中理，可横以手而離也，至其抽筋鑿骨，非行金斧不能决。聖主循性而化，有不從者，亦將舉兵而征之，是以湯誅葛伯，文王誅犬夷。及後戎、狄猾夏，中國不寧，周宣王、仲山甫式遏寇虐。《詩》云：『薄伐玁狁，至于太原。』『出車彭彭，城彼朔方。』自古明王不能無征伐而服不義，不能無城壘而禦强暴也。」

文學曰：「舜執干戚而有苗服，文王底德而懷四夷。《詩》云：『鎬京辟雍，自西自東，自南自北，無思不服。』普天之下，惟人面之倫，莫不引領而歸其義。故畫地爲境，人莫之犯。子曰：『白刃可冒，中庸不可入。』至德之謂也。故善攻不待堅甲而克，善守不待渠梁而固。武王之伐殷也，執黄鉞，誓牧之野，天下之士莫不願爲之用。既而偃兵，搢笏而朝，天下之民莫不願爲之臣。既以義取之，以德守之。秦以力取之，以法守之，本末不得，故亡。夫文猶可長用，而武難久行也。」

大夫曰：「《詩》云：『玁狁孔熾，我是用戒。』『武夫潢潢，經營四方。』故守禦征伐，所由來久矣。《春秋》譏戎驪未至豫禦之。❶故四支强而躬體固，華葉茂而本根據。故飭四境所以安中國也，發戍漕所以審勞佚也。主憂者臣勞，上危者下死。先帝憂百姓不贍，出禁錢，解乘輿驂，貶樂損膳，以賑窮備邊費。未見報施之義，而見沮成之理，非所聞也。」

文學曰：「周道衰，王迹熄，諸侯爭强，大小相凌。是以强國務侵，弱國設備。甲士勞戰陣，役於兵革，故君勞而民困苦也。今中國爲一統，而方内不安，徭役遠而外内煩也。古者無過年之繇，無踰時之役。今近者數千里，遠者過萬里，歷二期。長子不還，父母愁憂，妻子詠歎，憤懣之恨發動於心，慕思之積痛於骨髓。此《杕杜》、《采薇》之所爲作也。」

險固第五十

大夫曰：「虎兕所以能執熊羆、服群獸者，爪牙利而攫便也。秦所以超諸侯、吞天下、并敵國者，❷險阻固而勢居然也。故龜猖有介，❸狐貉不能禽；蝮蛇有螫，人忌而不輕。故有備則制人，無備則制於人。故仲山甫補衮職之闕，蒙公築長城之固，所以備寇難而折衝萬里之外也。今不

---

❶「譏」，《拾補》作「大」。
❷「超」，張注本作「招」。
❸「龜猖」，張校作「鼈猬」。

固其外，欲安其内，猶家人不堅垣牆，狗吠夜驚，而闇昧妄行也。」

文學曰：「秦左殽、函，右隴阺，前蜀、漢，後山、河，四塞以爲固，金城千里，良將勇士，設利器而守陘隧，墨子守雲梯之械也。以爲雖湯、武復生，蚩尤復起，不輕攻也。然戍卒陳勝無將帥之任，師旅之衆，奮空拳而破百萬之師，無牆籬之難。故在德不在固。誠以行義爲阻，道德爲塞，賢人爲兵，聖人爲守，則莫能入。如此，則中國無狗吠之警，而邊境無鹿駭狼顧之憂矣。夫何妄行而之乎？」❶

大夫曰：「古者爲國必察土地、山陵阻險、天時地利，然後可以王霸。故制地城郭，飭溝壘，以禦寇固國。《春秋》曰『冬浚洙』，脩地利也。三軍順天時，以實擊虚，然困於阻險，❷敵於金城。楚莊之圍宋，秦師敗崤嶔崟是也。❸故曰：『天時不如地利。』❹羌、胡固，近於邊，今不敢取，❺必爲四境長患。此季孫之所以憂顓臾，有勾踐之變而爲強吴之所悔也。」

---

❶「夫何妄行而之乎」，正嘉本、張注本均作「夫何妄行之有乎」。

❷「困」，原作「固」，據張校改。

❸「師」，《拾補》作「帥」。「崟」，張注本作「巖」，張校以爲衍文。

❹「不如」，原無，據張校補。

❺「敢」，張校以爲衍文。

文學曰：「地利不如人和，武力不如文德。周之致遠，不以地利，以人和也。百世不奪，非以險，以德也。吴有三江、五湖之難而兼於越，❶楚有汝淵、滿堂之固而滅於秦，秦有隴阺、崤塞而亡於諸侯，晉有河、華、九河而奪於六卿，❷齊有泰山、巨海而負於田常，桀、紂有天下兼於濟、亳，❸秦王以六合困於陳涉，非地利不固，無術以守之也。釋邇憂遠，猶吴不内定其國，而西絶淮山，與齊、晉争强也。越因其罷，擊其虚。使吴王用申胥，修德，無恃極其衆，則勾踐不免爲藩臣海崖，何謀之敢慮也？」

大夫曰：「楚自巫山起方城，屬巫、黔中，設扞關以拒秦。秦包商、洛、崤、函，以禦諸侯。韓阻宜陽、伊闕，要成皋、太行，以安周、鄭。魏濱洛築城，阻山帶河，以保晉國。趙結飛狐、句注、孟門，以存荆代。燕塞碣石，絶邪谷，繞援遼。齊撫阿、甄，關榮、歷，倚太山，負海、河。關梁者，邦國之固，❹而山川社稷之寶也。徐人滅舒，《春秋》謂之『取』，惡其無備，得物之易也。故恤來兵，

❶「難」，《拾補》作「險」。
❷「九河」，張校作「九門」，王利器本據《太平御覽》改作「阿」。
❸「於」，張注本作「有」。
❹「關梁」，原作「梁關」，據張注本乙正。

仁傷刑。君子爲國，必有不可犯之難。《易》曰：『重門擊拓，❶以待暴客。』言備之素脩也。」

文學曰：「阻險不如阻義，昔湯以七十里爲政於天下，舒以百里亡於敵國。此其所以見惡也。使關梁足恃，六國不兼於秦；河、山足保，秦不亡於楚、漢。由此觀之，衝隆不足爲强，高城不足爲固。行善則昌，行惡則亡。王者博愛遠施，外内合同，四海各以其職來祭，何擊拓而待？傳曰：『諸侯之有關梁，庶人之有爵禄，非升平之興，蓋自戰國始也。』」

論勇第五十一

大夫曰：「荆軻懷數年之謀而事不就者，三尺匕首不足恃也。❷秦王憚於不意，列斷賁、育，介七尺之利也。使專諸空拳，不免於爲禽；要離無水，不能遂其功。世言强楚勁鄭，有犀兕之甲，棠谿之鋌也。内據金城，外任利兵，是以威行諸夏，强服敵國。故孟賁奮臂，衆人輕之；怯夫有備，其氣自倍。况以吴、楚之士，舞利劍，蹶强弩，以與貉虜騁於中原？一人當百，不足道也！夫如此，則胡無守谷，貉無交兵，❸力不支漢，其勢必降。此商君之走魏，而孫臏之破梁也。」

---

❶「拓」，張注本作「柝」。下「拓」字同。

❷「三尺」，《拾補》作「尺八」。

❸「貉」，原作「谿」，據《拾補》改。

文學曰：「楚、鄭之棠谿、墨陽，非不利也，犀軸兕甲，非不堅也，然而不能存者，利不足恃也。秦兼六國之師，據崤、函而御宇內，金石之固，莫耶之利也。然陳勝無士民之資、甲兵之用，鉏耰棘橿，以破衝隆。武昭不擊，烏號不發。所謂金城者，非謂築壤而高土，鑿地而深池也。❶所謂利兵者，非謂吴、越之鋌，干將之劍也。言以道德爲城，以仁義爲郭，莫之敢攻，莫之敢入，文王是也。以道德爲軸，以仁義爲劍，莫之敢當，莫之敢御，湯、武是也。今不建不可攻之城、不可當之兵，而欲任匹夫之役，而行三尺之刃，亦細矣。」

大夫曰：「荆軻提匕首入不測之强秦，秦王惶恐失守備，❷衛者皆懼。專諸手劍歷萬乘，刺吴王，尸孽立正，鎬冠千里。聶政自衛由韓，廷刺其主，功成求得，退自刑於朝，暴尸於市。今誠得勇士，乘强漢之威，凌無義之匈奴，制其死命，責以其過，若曹劌之負齊桓公，❸遂其求。推鋒拊鋭，穹廬擾亂，上下相遁，因以輕鋭隨其後。匈奴必交臂不敢格也。」

文學曰：「湯得伊尹，以區區之亳兼臣海内。文王得太公，廓酆、鄗以爲天下。齊桓公得管

---

❶「鑿地而深池也」，《拾補》作「鑿池而深地也」。
❷「備」，張注本無此字。
❸「負」，《拾補》作「脅」，張校作「質」。

仲，❶以霸諸侯。秦穆公得由余，❷西戎八國服。聞得賢聖而蠻、貊來享，未聞劫殺人主以懷遠也。《詩》云：『惠此中國，以綏四方。』故『自彼氐、羌，莫敢不來王』。非畏其威，畏其德也。故義之服無義，疾於原馬良弓；德之召遠，疾於馳傳重驛。」

論功第五十二

大夫曰：「匈奴無城廓之守、溝池之固，脩戟强弩之用、倉廩府庫之積，上無義法，下無文理，君臣嫚易，上下無禮。織柳爲室，旃廗爲蓋，❸素弧骨鏃，馬不粟食。內則備不足畏，外則禮不足稱。夫中國天下腹心，賢士之所總，禮義之所集，財用之所殖也。夫以智謀愚，以義伐不義，若因秋霜而振落葉。《春秋》曰：『桓公之興戎狄，❹驅之爾。』況以天下之力乎！」

文學曰：「匈奴車器無銀黄絲漆之飾，素成而務堅，絲無文采裙褘曲襟之制，都成而務完。男無刻鏤奇巧之事、宫室城郭之功，女無綺繡淫巧之貢、纖綺羅紈之作。事省而致用，易成而難

❶ 「管仲」下，張注本有「甯戚」二字。
❷ 「由余」下，張注本有「百里奚」三字。
❸ 「廗」，大典本作「席」。
❹ 「狄」，原作「狐」，據《拾補》改。

弊。雖無脩戟强弩，戎馬良弓，家有其備，人有其用，一旦有急，貫弓上馬而已。資糧不見案首，而支數十日之食，因山谷爲城郭，因水草爲倉廩。法約而易辨，求寡而易供。是以刑省而不犯，指麾而令從。嫚於禮而篤於信，略於文而敏於事。故雖無禮義之書，刻骨卷木，❶百官有以相記，而君臣上下有以相使。群臣爲縣官計者，皆言其易，而實難，是以秦欲驅之而反更亡也。故兵者凶器，不可輕用也。其以强爲弱，以存爲亡，一朝爾也。」

大夫曰：「魯連有言：『秦權使其士，虐使其民。』故政急而不長。高皇帝受命平暴亂，功德巍巍，惟天同大焉。而文、景承緒潤色之。及先帝征不義，攘無德，以昭仁聖之路，純至德之基，聖王累年仁義之積也。今文學引亡國失政之治而況之於今，其謂匈奴難圖，宜矣？」

文學曰：「有虞氏之時，三苗不服，禹欲伐之，舜曰：『是吾德未喻也。』退而脩政，而三苗服。不牧之地，不羈之民，聖王不加兵，不事力焉，以爲不足煩百姓而勞中國也。今明主脩聖緒，❷宣德化，而朝有權使之謀，尚首功之事，臣固怪之。夫人臣席天下之勢，奮國家之用，身享其利而不顧其主，此尉佗、章邯所以成王，秦失其政也。孫子曰：『今夫國家之事，一日更百變，然而不亡

❶「木」，原作「衣」，據大典本改。

❷「主」，正嘉本、張注本作「王」。

者，可得而革也。逮出兵乎平原廣牧，鼓鳴矢流，雖有堯、舜之知，不能更也。』戰而勝之，退脩禮義，繼三代之迹，仁義附矣。戰勝而不休，身死國亡者，吴王是也。」

大夫曰：「順風而呼者易爲氣，因時而行者易爲力。文、武懷餘力，不爲後嗣計，故三世而德衰，昭王南征，死而不還。凡伯囚執，而使不通，晉取郊、沛，❶王師敗於茅戎。今西南諸夷，楚莊之後。朝鮮之王，燕之亡民也。南越尉佗起中國，自立爲王，德至薄，然皆亡天下之大，各自以爲一州，倔强倨敖，自稱老夫。先帝爲萬世度，恐有冀州之累，南荆之患，於是遣左將軍樓船平之，兵不血刃，咸爲縣官也。七國之時，皆據萬乘，南面稱王，提珩爲敵國累世，❷然終不免首係虜於秦。今匈奴不當漢家之巨郡，非有六國之用，賢士之謀。由此觀難易，察然可見也。」

文學曰：「秦滅六國，虜七王，沛然有餘力，自以爲蚩尤不能害，黄帝不能斥。及二世弑死望夷，子嬰係頸降楚，曾不得七王之俛首。使六國並存，秦尚爲戰，❸固未亡也。❹何以明之？自孝公以至于始皇，世世爲諸侯雄，百有餘年。及兼天下，十四歲而亡。何則？外無敵國之憂，而

❶「沛」，張校作「柳」。
❷「珩」，張校作「衡」。
❸「戰」下，《拾補》有「國」字。
❹「固」，王校作「國」。

内自縱恣也。自非聖人，得志而不驕佚者，未之有也。」

論鄒第五十三

大夫曰：「鄒子疾晚世之儒、墨，不知天地之弘，昭曠之道，將一曲而欲道九折，守一隅而欲知萬方，猶無準平而欲知高下，無規矩而欲知方圓也。於是推大聖終始之運，以喻王公列士，❶中國名山通谷，以至海外。所謂中國者，天下八十一分之一，❷名曰赤縣神州，而分爲九州。❸絶陵陸不通，❹乃爲一州，有八瀛海圜其外。❺此所謂八極，而天下際焉。❻《禹貢》亦著山川高下原隰，而不知大道之遥。❼故秦欲達九州而方瀛海，牧胡而朝萬國。諸生守畦畝之慮、閭巷之固，未知天下之義也。」

❶「王公列士」，張校作「王公先列」。

❷上「一」字，原無，據張校補。

❸「州」，原作「川」，據張校改。

❹「絶」上，張注本有「谷阻」二字，張校以「陵」字爲衍。

❺「八」，《拾補》作「大」。

❻「下」，張校作「地」。

❼「遥」，《拾補》、張校、王校作「逕」。

文學曰：「堯使禹爲司空，平水土，隨山刊木，定高下而序九州。鄒衍非聖人，作怪誤，❶惑六國之君，以納其説。此《春秋》所謂『匹夫熒惑諸侯』者也。孔子曰：『未能事人，焉能事鬼神。』近者不達，焉能知瀛海？故無補於用者，君子不爲；無益於治者，君子不由。三王信經道，而德光於四海，戰國信嘉言，破亡而泥山。昔秦始皇已吞天下，欲并萬國，亡其三十六郡，欲達瀛海而失其州縣。知大義如斯，不如守小計也。」

論菑第五十四

大夫曰：「巫祝不可與並祀，諸生不可與逐語，信往疑今，非人自是。夫道古者稽之今，言遠者合之近。日月在天，其徵在人，菑異之變，夭壽之期，陰陽之化，四時之叙，水火金木，妖祥之應，鬼神之靈，祭祀之福，日月之行，星辰之紀，曲言之故，何所本始？不知則默，無苟亂耳。」

文學曰：「始江都相董生推言陰陽，四時相繼，父生之，子養之，母成之，子藏之。故春生，仁；夏長，德；秋成，義；冬藏，禮。此四時之序，聖人之所則也。刑不可任以成化，故廣德教。

❶「誤」，張校作「迂」。

言遠必考之邇，故内恕以行。❶是以刑罰若加於己，勤勞若施於身。又安能忍殺其赤子以事無用，罷弊所恃而達瀛海乎？蓋越人美贏蚌而簡太牢，鄙夫樂咋唶而怪《韶》《濩》。故不知味者以芬香爲臭，不知道者以美言爲亂耳。人無夭壽，各以其好惡爲命。羿、敖以功力不得其死，❷智伯以貪狼亡其身。天菑之證，禎祥之應，猶施與之望報，各以其類及。故好行善者天助以福，符瑞是也。《易》曰：『自天祐之，吉無不利。』好行惡者天報以禍，妖菑是也。《春秋》曰：『應是而有天菑。』周文、武尊賢受諫，❸敬戒不殆，純德上休，神祇相況。❹《詩》云：『降福穰穰，降福簡簡。』日者陽，陽道明；月者陰，陰道冥；君尊臣卑之義。故陽先盛於上，❺衆陰之類消於下，月望於天，蚌蛤盛於淵。故臣不臣，則陰陽不調，日月有變；政教不均，則水旱不時，螟螣生，此災異之應也。四時代叙而人則其功，星列於天而人象其行。常星猶公卿也，衆星猶萬民也。列星正則衆星齊，常星亂則衆星墜矣。」

❶「内」，張注本作「由」。
❷「功」，張校作「巧」。
❸「周文武」，大典本作「周文王」。
❹「況」，張注本作「貺」。
❺「先」，《拾補》作「光」。

大夫曰：「文學言剛柔之類，五勝相代生。❶《易》明於陰陽，《書》長於五行。春生夏長，故火生於寅木，陽類也；秋生冬死，故水生於申金，陰物也。四時五行，迭廢迭興，陰陽異類，水火不同器。金得土而成，得火而死，金生於巳，何説何言然乎？」

文學曰：「兵者，凶器也。甲堅兵利，爲天下殃。以母制子，故能久長。聖人法之，厭而不陽。❷《詩》云：『載戢干戈，載櫜弓矢，我求懿德，肆于時夏。』衰世不然。逆天道以快暴心，僵尸血流以争壤土。❸牢人之君，滅人之祀，殺人之子，若絶草木，刑者肩靡於道。以己之所惡而施於人，是以國家破滅，身受其殃，秦王是也。」

大夫曰：「金生於巳，刑罰小加，故薺麥夏死。《易》曰：『履霜，堅冰至。』秋始降霜，草木隕零，合冬行誅，萬物畢藏。春夏生長，利以行仁，秋冬殺藏，利以施刑。故非其時而樹，雖生不成。秋冬行德，是謂逆天道。《月令》：『涼風至，殺氣動，蜻蛚鳴，衣裘成。天子行微刑，始貙蔞，以順天令。』」文學曰：「同四時，合陰陽，尚德而除刑。如此，則鷹隼不鷙，猛獸不攫，秋不蒐獮，冬不田狩者也。」

---

❶「五」，張注本作「互」。

❷「陽」，張注本作「揚」。

❸「血流」，張注本作「流血」。

文學曰：「天道好生惡殺，好賞惡罰。故使陽居於實而宣德施，陰藏於虚而爲陽佐輔。陽剛陰柔，季不能加孟。此天賤冬而貴春，申陽屈陰。故王者南面而聽天下，背陰向陽，前德而後刑也。霜雪晚至，五穀猶成。雹霧夏隕，萬物皆傷。由此觀之，嚴刑以治國，猶任秋冬以成穀也。故法令者，治惡之具也，而非至治之風也。是以古者明王，茂其德教而緩其刑罰也。網漏吞舟之魚，而刑審於繩墨之外，反臻其末，❶而民莫犯禁也。」

❶「反」，《拾補》作「及」。

鹽鐵論卷第十

刑德第五十五

大夫曰：「令者所以教民也，法者所以督姦也。令嚴而民慎，法設而姦禁。罔疏則獸失，法疏則罪漏。罪漏則民放佚而輕犯禁。故禁不必，❶法夫徼倖；❷誅誠，❸蹠、蹻不犯。是以古者作五刑，刻肌膚而民不踰矩。」

文學曰：「道德衆，❹人不知所由。法令衆，民不知所辟。故王者之制法，昭乎如日月，故民

❶「不」，正嘉本、張注本作「下」。

❷「法」，王利器本改作「怯」。

❸「誠」，張校作「誠」。

❹「德」，《群書治要》作「徑」。

不迷，曠乎若大路，故民不惑。幽隱遠方，折手知足，❶室女童婦，❷咸知所避。是以法令不犯，而獄犴不用也。昔秦法繁於秋荼，而網密於凝脂，然而上下相遁，姦僞萌生，有司法之，若救爛撲焦，不能禁。非網疏而罪漏，禮義廢而刑罰任也。方今律令百有餘篇，文章繁，罪名重，郡國用之疑惑，或淺或深，自吏明習者不知所處，而況愚民乎。律令塵蠹於棧閣，吏不能徧覩，而況於愚民乎。此斷獄所以滋衆，而民犯禁也。❸『宜犴宜獄，❹握粟出卜，自何能穀？』刺刑法繁也。親服之屬甚衆，上殺下殺，❺而服不過五。五刑之屬三千，上附下附，❻而罪不過五。故治民之道，❼務篤其教而已。」

大夫曰：「文學言王者立法，曠若大路。今馳道不小也，而民公犯之，以其罰罪之輕也。千仞之高，人不輕凌；千鈞之重，人不輕舉。商君刑棄灰於道，而秦民治。故盜馬者死，盜牛者加，

❶「折手知足」，《群書治要》作「折乎知之」。

❷「室女」，《群書治要》作「愚夫」。

❸「禁」下，《群書治要》有「滋多」二字。

❹「宜犴」上，張注本有「詩云」二字。

❺「上殺下殺」，原作「上附下附」，據張校改。

❻「上附下附」，原作「上殺下殺」，據張校改。

❼「之」，原無，據《群書治要》補。

所以重本而絶輕疾之資也。武兵名食，所以佐邊而重武備也。盗傷與殺同罪，所以累其心而責其意也。猶魯以楚師伐齊，而《春秋》惡之。故輕之爲重，淺之爲深，有緣而然。法之儆者，❶固非衆人之所知也。」

文學曰：「《詩》云：『周道如砥，其直如矢。』言其易也。『君子所履，小人所視。』言其明也。故德明而易從，法約而易行。今馳道經營陵陸，紆周天下，是以萬里爲民穽也。罻羅張而縣其谷，辟陷設而當其蹊，矯弋飾而加其上，❷能勿離乎？聚其所欲，開其所利，仁義陵遲，能勿踰乎？故其末途，至於攻城入邑，損府庫之金，盗宗廟之器，豈特千仞之高、千鈞之重哉？管子曰：『四維不張，雖臯陶不能爲士。』故德教廢而詐僞行，禮義壞而姦邪興，言無仁義也。仁者，愛之効也；義者，事之宜也。故君子愛仁以及物，❸治近以及遠。傳曰：『凡生之物莫貴於人，人主之所貴莫重於人。』故天之生萬物以奉人也，主愛人以順天也。聞以六畜禽獸養人，未聞以所養害人者也。魯廐焚，孔子罷朝，問人不問馬，賤畜而重人也。今盗馬者罪死，盗牛者加。乘騎車

❶「儆」，張注本作「微」。

❷「矯」，正嘉本作「蹻」，張注本作「繳」，王利器本據孫詒讓説改作「矰」。

❸「仁」，張注本作「人」。

馬馳行道中，❶吏舉苛而不止，以爲盜馬而罪亦死。今傷人持其刀劍而亡，亦可謂盜武庫兵而殺之乎？人主立法而民犯之，亦可以爲逆面輕主約乎？❷深之可以死，輕之可以免，非法禁之意也。法者，緣人情而制，非設罪以陷人也。故《春秋》之治獄，論心定罪。志善而違於法者免，志惡而合於法者誅。念傷民未有所害，志不甚惡而合於法者，謂盜而傷人者耶？將執法者過耶？何於人心不厭也！古者傷人有創者刑，盜有臧者罰，殺人者死。今取人兵刃以傷人，罪與殺人同，得無非其至意與？」

大夫俛仰未應對。

御史大夫曰：❸「執法者國之轡銜，刑罰者國之維檝也。故轡銜不飭，雖王良不能以致遠；維檝不設，雖良工不能以絶水。韓子疾有國者不能明其法勢，❹御其臣下，富國强兵，以制敵禦難，惑於愚儒之文詞，以疑賢士之謀，舉浮淫之蠹，加之功實之上，而欲國之治，猶釋階而欲登高，無銜橛而禦捍馬也。今刑法設備而民猶犯之，況無法乎？其亂必也！」

❶「騎」，張注本無此字。「馳行」，張校作「行馳」。
❷「面」，王利器本據楊沂孫説改作「而」。
❸「大夫」，《拾補》以爲衍文。
❹「疾」上，原衍「曰」字，據張校删。「國」，原作「固」，據張注本改。

文學曰：「轡銜者，御之具也，得良工而調。法勢者，治之具也，得賢人而化。執轡非其人，則馬奔馳。執軸非其人，則船覆傷。昔吴使宰嚭持軸而破其船，秦使趙高執轡而覆其車。今廢仁義之術，而任刑名之徒，則復吴、秦之事也。夫爲君者法三王，爲相者法周公，爲術者法孔子，此百世不易之道也。韓非非先王而不遵，舍正令而不從，卒蹈陷穽，❶身幽囚，客死於秦。夫不通大道而小辯，❷斯足以害其身而已。」

申韓第五十六

御史曰：「待周公而爲相，則世無列國。待孔子而後學，則世無儒、墨。夫衣小缺，襟裂可以補，而必待全匹而易之；政小缺，法令可以防，而必待《雅》《頌》乃治之；是猶舍鄰之醫，而求俞跗而後治病，廢汙池之水，待江、海而後救火也。迂而不徑，闕而無務，是以教令不從而治煩亂。夫善爲政者，弊則補之，決則塞之。故吴子以法治楚、魏，申、商以法彊秦、韓也。」

文學曰：「有國者選衆而任賢，學者博覽而就善，何必是周公、孔子！故曰法之而已。今商

---

❶「卒蹈」，原作「舉陷」，據正嘉本、張注本改。

❷「夫」上，原衍「秦」字，據張校删。

鞅、吴起反聖人之道，變亂秦俗，其後政耗亂而不能理，流失而不可復。愚人縱火於沛澤，不能復振。蜂蠆螫人，放死不能息其毒也。煩而止之，躁而静之，上下勞擾而亂益滋。故聖人教化，上與日月俱照，下與天地同流，豈曰小補之哉！」

御史曰：「衣缺不補則日以甚，防漏不塞則日以滋。大河之始決於瓠子也，涓涓爾，及其卒氾濫爲中國害。菑梁、楚，破曹、衛，城郭壞沮，稸積漂流，百姓木棲，千里無廬，令孤寡無所依，老弱無所歸，故先帝閔悼其菑，親省河堤，舉禹之功，河流以復，曹、衛以寧。百姓戴其功，詠其德，歌『宣房塞，萬福來』焉，亦猶是也，如何勿小補哉！」

文學曰：「河決若甕口而破千里，况禮决乎，其所害亦多矣！今斷獄歲以萬計，犯法兹多，其爲菑豈特曹、衛哉！夫知塞宣房而福來，不知塞亂原而天下治也。周國用之，刑錯不用，黎民若四時各終其序，而天下不孤。《頌》曰：『綏我眉壽，介以繁祉。』此天爲福亦不小矣。誠信禮義如宣房，功業已立，垂拱無爲，有司何補，法令何塞也？」

御史曰：「犀銚利鉏，五穀之利而間草之害也。明理正法，姦邪之所惡而良民之福也。故曲木惡直繩，姦邪惡正法。是以聖人審於是非，察於治亂，故設明法，陳嚴刑，防非矯邪，若隱括輔檠之正弧刺也。故水者火之備，法者止姦之禁也。無法勢，雖賢人不能以爲治。無甲兵，雖孫、吴不能以制敵。是以孔子倡以仁義而民從風，❶伯夷遁首陽而民不可化。」

文學曰：「法能刑人而不能使人廉，能殺人而不能使人仁。所貴良醫者，貴其審消息而退邪氣也，非貴其下鍼石而鑽肌膚也。所貴良吏者，貴其絶惡於未萌，使之不爲非，非貴其拘之囹圄而刑殺之也。今之所謂良吏者，文察則以禍其民，强力則以厲其下，不本法之所由生，而專己之殘心，文誅假法，以陷不辜，累無罪，以子及父，以弟及兄，一人有罪，州里驚駭，十家奔亡，若癰疽之相濘，❷色淫之相連，一節動而百枝摇。《詩》云：『舍彼有罪，既伏其辜，若此無罪，淪胥以鋪。』❸痛傷無罪而累也。非患銚耨之不利，❹患其舍草而去苗也。❺非患無準平，患其舍枉而繩直也。故親近爲過不必誅，是鋤不用也；疏遠有功不必賞，是苗不養也。故世不患無法，而患無必行之法也。」

---

❶「從」上，張校斷脱「不」字。

❷「濘」，《群書治要》作「漫」。

❸「胥」，原作「骨」，「鋪」，原作「輔」，據張注本、《群書治要》改。

❹「耨」，《群書治要》作「鉏」。

❺「去」，《群書治要》作「芸」。

周秦第五十七

御史曰：「《春秋》罪人無名號，謂之云盜，所以賤刑人而絶之人倫也。故君不臣，士不友，於閭里無所容。故民始犯之。❶命不軌之民，❷犯公法以相寵，舉棄其親，不能伏節死理，遁逃相連，自陷於罪。其被刑戮，不亦宜乎？一室之中，父兄之際，若身體相屬，一節動而知於心。故今自關内侯以下，比地於伍，居家相察，出入相司，父不教子，兄不正弟，舍是誰責乎？」

文學曰：「古者周其禮而明其教，禮周教明，不從者然後等之以刑。刑罰中，民不怨。故舜施四罪而天下咸服，誅不仁也。輕重各服其誅，刑必加而無赦，赦惟疑者。若此，則世安得不軌之人而罪之！今殺人者生，剽攻竊盗者富。故良民内解怠，輟耕而隕心。古者君子不近刑人，刑人非人也，身放殛而辱後世，故無賢不肖莫不耻也。今無行之人貪利以陷其身，蒙戮辱而捐禮義，恒於苟生。何者？一日下蠶室，創未瘳，宿衛人主，出入宫殿，得由受奉禄，食太官享賜，身以尊榮，妻子獲其饒。故或載卿相之列，就刀鋸而不見閔，况衆庶乎？夫何耻之有？廢其德

❶「始」，王利器本據郭沫若説改作「耻」。
❷「命」，王利器本據郭沫若説改作「今」。

教，❶而責之以禮義，是虐民也。《春秋傳》曰：❷『子有罪，執其父。臣有罪，執其君。聽失之大者也。』今以子誅父，以弟誅兄，親戚相坐，❸什伍相連，若引根本之及華葉，傷小指之累四體也。如此，則以有罪誅及無罪，❹無罪者寡矣。臧文仲治魯，勝其盜而自矜。子貢曰：『民將欺，而況民盜乎！』❺故吏不以多斷爲良，醫不以多刺爲工。子産刑二人，殺一人，道不拾遺，而民無誣心。故爲民父母，以養疾子，長恩厚而已。自首匿相坐之法立，骨肉之恩廢，而刑罪多。聞父母之於子，雖有罪猶匿之，豈不欲服罪爾？❻子爲父隱，父爲子隱，未聞父子之相坐也；聞兄弟緩追以免賊，❼未聞兄弟之相坐也；聞惡惡止其人，疾始而誅首惡，未聞什伍之相坐。老子曰：『上無欲而民樸，上無事而民自富。』君君臣臣，父父子子。比地何伍，而執政何責也？」

❶「廢」上，《群書治要》有「今」字。

❷「傳」，原無，據《群書治要》補。

❸「相」，原作「小」，據《群書治要》改。

❹「誅及」，原作「及誅」，據張注本乙正。《群書治要》作「反誅」。「無罪」下，《群書治要》有「反誅無罪則天下之」八字。

❺「民」，《拾補》疑爲衍文。

❻「豈」，《群書治要》作「猶若其」。

❼「弟」下，《群書治要》有「能」字。「免」，《拾補》作「逸」。

御史曰：「夫負千鈞之重，以登無極之高，垂峻崖之峭谷，下臨不測之淵，雖有慶忌之健，賁、育之勇，莫不震慴悼慄者，❶知墜則身首肝腦塗山石也。故未嘗灼而不敢握火者，見其有灼也。未嘗傷而不敢握刃者，見其有傷也。彼以知爲非，罪之必加，而戮及父兄，必懼而爲善。故立法制辟，若臨百仞之壑，握火蹈刃，則民畏忌，而無敢犯禁矣。慈母有敗子，小不忍也。嚴家無悍虜，篤責急也。今不立嚴家之所以制下，而修慈母之所以敗子，則惑矣。」

文學曰：「紂爲炮烙之刑，而秦有收帑之法，趙高以峻文決罪於內，百官以峭法斷割於外，死者相枕席，刑者相望，百姓側目重足，不寒而慄。《詩》云：『謂天蓋高，不敢不局。謂地蓋厚，不敢不蹐。哀今之人，胡爲虺蜥！』方此之時，豈特冒火蹈刃哉？然父子相背，兄弟相慢，至於骨肉相殘，上下相殺。非刑輕而罰不必，令大嚴而仁恩不施。故政寬則下親上，政嚴則民謀主，❷晉厲以幽，二世見殺，❸惡在峻法之不犯，嚴家之無悍虜也？❹聖人知之，是以務知而不務威。❺

❶「悼」，張注本作「悚」。
❷「民」，《群書治要》作「臣」。
❸「見殺」，《群書治要》作「以弑」。
❹「悍虜」，《群書治要》作「格處」。
❺「知」，《群書治要》作「和」，張注本作「恩」。

故高皇帝約秦苛法，慰怨毒之民，而長和睦之心，唯恐刑之重而德之薄也。是以施恩無窮，澤流後世。商鞅、吴起以秦、楚之法爲輕而累之，上危其主，下没其身，❶或非特慈母乎！」

詔聖第五十八

御史曰：「夏后氏不信言，殷誓，周盟，德信彌衰。無文、武之人，欲修其法，此殷、周之所以失勢而見奪於諸侯也。故衣弊而革才，❷法弊而更制。高皇帝時，天下初定，發德音，行三章之令，❸權也，非撥亂反正之常也。其後法稍犯，不正於理。故姦萌而《甫刑》作，王道衰而《詩》刺彰，諸侯暴而《春秋》譏。夫少目之罔不可以得魚，三章之法不可以爲治。故令不得不加，法不得不多。唐、虞畫衣冠非阿，湯、武刻肌膚非故，時世不同，輕重之務異也。」

文學曰：「民之仰法，猶魚之仰水，水清則静，濁則擾。擾則不安其居，静則樂其業。樂其業則富，富則仁生，贍則争止。❹是以成、康之世賞無所施，法無所加。非可刑而不刑，民莫犯禁

❶「没」，《拾補》作「殺」。

❷「才」，張注本作「裁」。

❸「三章」，原作「一卒」，據正嘉本、張注本改。

❹「贍」，原作「澹」，據本書卷六《授時第三十五》「富則仁生贍則争止」及《群書治要》改。

也。非可賞而不賞，民莫不仁也。若斯，則吏何事而理？❶今之治民者，若拙御馬，❷行則頓之，止則擊之。身創於箠，吻傷於銜，求其無失，何可得乎？乾谿之役土崩，梁氏内潰，不能禁，峻法不止。❸故罷馬不畏鞭箠，罷民不畏刑法。雖曾而累之，其亡益乎？」❹

御史曰：「嚴牆三刃，樓季難之。山高干雲，牧豎登之。故峻則樓季難三刃，❺陵夷則牧豎易山巔。夫鑠金在鑪，莊蹻不顧；錢刀在路，匹婦掇之。非匹婦貪而莊蹻廉也，輕重之制異，而利害之分明也。故法令可仰而不可踰，可臨而不可入。《詩》云：『不可暴虎，❻不敢馮河。』爲其無益也。魯好禮而有季、孟之難，燕噲好讓而有子之之亂。禮讓不足禁邪，而刑法可以止暴。明君據法，故能長制群下而久守其國也。」

文學曰：「古者明其仁義之誓，使民不踰；上乎刑之，不教而殺，是以虐也。❼與其刑不可

---

❶「何事而理」，《群書治要》作「何事而可理乎」。
❷「拙御馬」，張注本作「御拙馬」，《群書治要》作「拙御之御馬」。
❸「不能」上，王利器本據郭沫若説補「嚴刑」二字。「止」上，《拾補》有「能」字。
❹「亡」，《群書治要》作「有」。
❺「難」，原脱，據張注本補。
❻「可」，正嘉本、張注本作「敢」。
❼「以」，《群書治要》無此字。「虐」下，《群書治要》有「民」字。

踰，不若義之不可踰也。聞禮義行而刑罰中，未聞刑罰行而孝悌興也。高牆狹基不可立矣，嚴法峻刑不可久也。❶ 二世信趙高之計，渫篤責而任誅斷，刑者半道，死者日積。殺民多者爲忠，厲民悉者爲能。❷ 百姓不勝其求，黔首不勝其刑，海内同憂而俱不聊生。故過任之事，❸父不得於子。無已之求，君不得於臣。死不再生，❹窮鼠齧貍，匹夫奔萬乘，舍人折弓，陳勝、吳廣是也。當此之時，天下期俱起，方面而攻秦，❺聞不一期而社稷爲墟，惡在其能制群下而久守其國也？」❻

御史默然不對。

大夫曰：「瞽師不知白黑而善聞言，儒者不知治世而善訾議。夫善言天者合之人，善言古者考之今。令何爲施？法何爲加？湯、武全肌骨而殷、周治，秦國用之，法弊而犯。二尺四寸之

---

❶ 「嚴法峻刑」，《群書治要》作「嚴刑峻法」。
❷ 「厲」，《群書治要》作「歛」。
❸ 「任」，原作「往」，據張注本、《群書治要》改。
❹ 「死不再生」，《群書治要》作「知死不再」。
❺ 「方」，王利器本改作「四」。
❻ 「能」下，《群書治要》有「長」字。

律，古今一也，或以治，或以亂。《春秋》原罪，《甫刑》制獄。今願聞治亂之本，周、秦所以然乎？」❶

文學曰：「春夏生長，聖人象而爲令。秋冬殺藏，聖人則而爲法。故令者教也，所以導民人；法者刑罰也，所以禁强暴也。二者治亂之具，存亡之効也，在上所任。湯、武經禮義，明好惡，以道其民，刑罪未有所加，而民自行義，殷、周所以治也。上無德教，下無法則，任刑必誅，劓鼻盈虆，斷足盈車，舉河以西，不足以受天下之徒，終而以亡者，秦王也。非二尺四寸之律異，所行反古而悖民心也。」

大論第五十九

大夫曰：「呻吟槁簡，誦死人之語，則有司不以文學。文學知獄之在廷後而不知其事，聞其事而不知其務。夫治民者，若大匠之斲，斧斤而行之，中繩則止。杜大夫、王中尉之等，繩之以法，斷之以刑，然後寇止姦禁。故射者因勢，治者因法。虞、夏以文，❷殷、周以武，❸異時各有所

❶「所」上，張注本有「之」字。
❷「文」，張注本作「質」。
❸「武」，張注本作「文」。

施。今欲以敦朴之時，治抏弊之民，❶是猶遷延而拯溺，揖讓而救火也。」

文學曰：「文王興而民好善，幽、厲興而民好暴，非性之殊，風俗使然也。故商、周之所以昌，桀、紂之所以亡也。湯、武非得伯夷之民以治，桀、紂非得蹠、蹻之民以亂也，故治亂不在於民。孔子曰：『聽訟吾猶人也，必也使無訟乎！』無訟者難，❷訟而聽之易。夫不治其本而事其末，古之所謂愚，今之所謂智。以箠楚正亂，以刀筆正文，古之所謂賊，今之所謂賢也。」

大夫曰：「俗非唐、虞之時，而世非許由之民，而欲廢法以治，是猶不用隱括斧斤，欲撓曲直枉也。故爲治者不待自善之民，爲輪者不待自曲之木。往者應少、伯正之屬潰梁、楚，昆盧、徐穀之徒亂齊、趙，山東、關内暴徒，保人阻險。當此之時，不任斤斧，折之以武，而乃始設禮修文，有似窮醫欲以短鍼而攻疽，孔丘以禮説跖也。」

文學曰：「殘材木以成室屋者，非良匠也。殘賊民人而欲治者，非良吏也。故公輸子因木之宜，聖人不費民之性。是以斧斤簡用，刑罰不任，政立而化成。扁鵲攻於湊理，❸絶邪氣，故癰疽不得成形。聖人從事於未然，故亂原無由生。是以砭石藏而不施，法令設而不用。斷已然、鑿已

❶「抏」，原作「抗」，據卷二《刺復第十》「抏弊而從法」改。

❷「無」，原無，據張注本補。

❸「湊」，正嘉本、張注本作「腠」。

發者，凡人也；治未形、覩未萌者，君子也。」

大夫曰：「文學所稱聖知者，孔子也，治魯不遂，見逐於齊，不用於衛，遇圍於匡，困於陳、蔡。夫知時不用猶説，强也；知困而不能已，貪也；不知見欺而往，愚也；困辱不能死，耻也。若此四者，庸民之所不爲也，何况君子乎！商君以景監見，應侯以王稽進。故士因士，女因媒。至其親顯，非媒士之力。孔子曰進見而不以能往者，❶非賢士才女也。」

文學曰：「孔子生於亂世，思堯、舜之道，東西南北，灼頭濡足，庶幾世主之悟。悠悠者皆是，君闇，大夫妬，孰合有媒？❷是以嫫母飾姿而夸矜，❸西子彷徨而無家。非不知窮厄而不見用，悼痛天下之禍，猶慈母之伏死子也，知其不可如何，然惡已。故適齊，景公欺之，適衛，靈公圍，陽虎謗之，❹桓魋害之。夫欺害聖人者，愚惑也。傷毁聖人者，狂狡也。狡惑之人，❺非人也。夫何耻之有？孟子曰：『觀近臣者以所爲主，觀遠臣者以其所主。』使聖人僞容苟合，不論行擇友，則

---

❶「曰進見」至「賢士才女」十五字，張校作「以因進見，而不以能往非賢才」。「不以」，大典本作「以不」。

❷「合」，《拾補》作「令」。

❸「夸矜」，《拾補》作「矜夸」。

❹「靈公圍陽虎謗之」，張注本作「靈公簡之，適陳，匡人圍之，適蔡」。

❺「狡」，原脱，據張注本補。

何以爲孔子也。」

大夫憮然内慚，四據而不言。

當此之時，順風承意之士如編，口張而不歙，舉舌而不下，闇然而懷重負而見責。

大夫曰：「諾。膠車倏逢雨，❶請與諸生解。」

雜論第六十

客曰：「余覩鹽、鐵之義，觀乎公卿、文學、賢良之論，意指殊路，各有所出，或上仁義，或務權利。異哉吾所聞。周、秦粲然，皆有天下而南面焉，然安危長久殊世。始汝南朱子伯爲予言：當此之時，豪俊並進，四方輻湊。❷賢良茂陵唐生、文學魯萬生之倫，六十餘人，咸聚闕庭，舒六藝之諷，論太平之原。智者贊其慮，仁者明其施，勇者見其斷，辯者陳其詞。誾誾焉，侃侃焉，雖未能詳備，斯可略觀矣。然蔽於雲霧，終廢而不行，悲夫！公卿知任武可以辟地，而不知德廣可以附遠；知權利可以廣用，而不知稼穡可以富國也。近者親附，遠者説德，則何爲而不成，何求而

❶「倏」，張校作「倐」。

❷「湊」，正嘉本、張注本均作「輳」。

不得？不出於斯路，而附畜利長威，豈不謬哉！中山劉子雍言王道，❶矯當世，復諸正，務在乎反本，直而不徼，切而不熛，斌斌然斯可謂弘博君子矣。九江祝生奮由、路之意，推史魚之節，發憤懣，刺譏公卿，介然直而不撓，可謂不畏強禦矣。桑大夫據當世，合時變，推道術，尚權利，辟略小辯，雖非正法，然巨儒宿學惡然，❷大能自解，❸可謂博物通士矣。然攝卿相之位，不引準繩，以道化下，放於利末，不師始古。《易》曰：『焚如棄如。』處非其位，行非其道，果隕其性，❹以及厥宗。車丞相即周、魯之列，當軸處中，括囊不言，容身而去，彼哉！彼哉！若夫群丞相、御史，❺不能正議，以輔宰相，成同類，長同行，阿意苟合，以說其上，斗筲之人，道諛之徒，何足筭哉。」❻

❶「雍」，張校作「推」。
❷「惡」，張校引華本作「恧」。
❸「大」，張校作「不」。
❹「性」，正嘉本、張注本作「姓」。
❺「丞相」，張校作「丞相史」。「御史」下，《拾補》有「兩府之士」四字。
❻「筭」，張注本作「選」。

書新刊鹽鐵論後

《鹽鐵論》十卷凡六十篇，漢廬江太守丞汝南桓寬次公撰。按鹽、鐵之議，起昭帝之始元中，召問賢良、文學，皆對願罷郡國鹽、鐵，與御史大夫桑弘羊相詰難，而鹽、鐵卒不果罷。至宣帝時，寬推衍增廣，設爲問答，以成一家之言。其書在宋嘗有板刻，歷世既久，寖以失傳，人亦少有知者。新淦涂君知江陰之明年，令行禁止，百廢具興，親民之暇，手校是書，仍捐俸刻之，使學者獲見古人文字之全，而其究治亂，抑貨利，以裨國家之政者，則不但可行之當時，而又可施之後世。此固涂君刻書之意也。涂君名禎，字賓賢，予同年進士。弘治十四年歲在辛酉，十月朔旦，吴郡都穆書。

跋

禎游學宫時，得漢廬江太守丞汝南桓寬次公所著《鹽鐵論》，讀之，愛其辭博。其論覈，可以施之天下國家，非空言也。惜所抄紙墨，歲久漫漶，或不能句，有遺恨焉。廼者承乏江陰，始得宋嘉泰壬戌刻本於薦紳家，如獲拱璧，因命工刻梓，嘉與四方大夫士共之。弘治辛酉十月朔日，新淦涂禎識。

「《儒藏》精華編選刊」選目

經部

周易鄭注
漢魏二十一家易注
周易注
周易正義
周易口義（與《洪範口義》合册）*
温公易説（與《司馬氏書儀》《孝經注解》《家範》合册）
漢上易傳
誠齋先生易傳
易學啓蒙
周易本義
楊氏易傳
易學啓蒙通釋
周易本義附録纂注
周易啓蒙翼傳
易纂言
周易本義通釋
易經蒙引
周易述
周易述補（江藩）（與李林松《周易述補》合册）
周易述補（李林松）
易漢學
御纂周易折中
周易虞氏義
雕菰樓易學
周易集解纂疏
周易姚氏學
尚書正義（全二册）
鄭氏古文尚書
洪範口義
書傳（與《書疑》《尚書表注》合册）
書疑
尚書表注
書纂言
尚書全解（全二册）
尚書要義

讀書叢説
書傳大全（全二册）
古文尚書攷（與《九經古義》合册）
尚書集注音疏（全二册）
尚書後案
毛詩注疏
詩本義
吕氏家塾讀詩記
慈湖詩傳
詩經世本古義（全四册）
毛詩稽古編
毛詩説
毛詩後箋（全二册）
詩毛氏傳疏（全三册）
詩三家義集疏（全三册）
儀禮注疏

儀禮集釋（全二册）
儀禮圖
儀禮鄭註句讀
儀禮章句
儀禮正義（全六册）
禮記正義
禮記集説（衛湜）
禮記集説（陳澔）（全二册）
禮記集解
禮書
五禮通考
禮經釋例
禮經學
司馬氏書儀
春秋左傳正義
左氏傳説

左氏傳續説
左傳杜解補正
春秋左氏傳賈服注輯述
春秋左氏傳舊注疏證（全四册）
春秋左傳讀（全二册）
公羊義疏
春秋穀梁傳注疏
春秋集傳纂例
春秋權衡（與《七經小傳》合册）
春秋集注
春秋經解
春秋胡氏傳
春秋尊王發微（與《孫明復先生小集》合册）
春秋本義
春秋集傳

春秋集傳大全（全三册）
孝經注解
孝經大全
白虎通德論
七經小傳
九經古義
經典釋文
群經平議（全二册）
新學僞經考
論語集解（正平版）
論語義疏
論語注疏
論語全解
論語學案
孟子注疏
孟子正義（全二册）

四書集編（全二册）
四書纂疏（全三册）
四書集註大全（全三册）
四書蒙引（全二册）
四書近指
四書訓義
四書賸言
四書改錯
四書説
廣雅疏證（全三册）
説文解字注

史部

逸周書
國語正義（全二册）
貞觀政要

歷代名臣奏議
御選明臣奏議（全二册）
孔子編年
孟子編年
陳文節公年譜
慈湖先生年譜
宋名臣言行録
伊洛淵源録
道命録
考亭淵源録
道南源委
聖學宗傳
元儒考略
理學宗傳
明儒學案
宋元學案

四先生年譜
洛學編
儒林宗派
程子年譜
學統
伊洛淵源續録
豫章先賢九家年譜
閩中理學淵源考（全三册）
清儒學案
經義考
文史通義

子部

孔子家語（與《曾子注释》合册）
曾子注釋
孔叢子
新書
鹽鐵論
新序
説苑
太玄經
論衡
昌言
傅子
大學衍義
大學衍義補
朱子語類
龜山先生語録
胡子知言（與《五峰集》合册）
木鐘集
西山先生真文忠公讀書記
性理大全書（全四册）
居業録
困知記
思辨録輯要
家範
小學集註
曾文正公家訓
勸學篇
仁學
習學記言序目
日知録集釋（全三册）

集部

蔡中郎集
李文公集
孫明復先生小集
直講李先生文集

歐陽脩全集
伊川擊壤集
元公周先生濂溪集
張載全集
温國文正公文集
公是集（全二册）
游定夫先生集
和靖尹先生文集
豫章羅先生文集
梁溪先生文集
斐然集（全二册）
五峰集
文定集
渭南文集
誠齋集（全四册）
晦庵先生朱文公文集

東萊吕太史集
止齋先生文集
攻媿先生文集
象山先生全集（全二册）
陳亮集（全二册）
絜齋集
文山先生文集
勉齋先生黄文肅公文集
北溪先生大全文集（全二册）
西山先生真文忠公文集
鶴山先生大全文集
閑閑老人滏水文集
郝文忠公陵川文集
仁山金先生文集
静修劉先生文集
雲峰胡先生文集

許白雲先生文集
吴文正集（全三册）
道園學古録　道園遺稿
師山先生文集
曹月川先生遺書
康齋先生文集
敬齋集
涇野先生文集（全三册）
重鐫心齋王先生全集
雙江聶先生文集
歐陽南野先生文集（全二册）
念菴羅先生文集（全二册）
正學堂稿
敬和堂集
涇皋藏稿
馮少墟集

高子遺書
劉蕺山先生集（全二册）
霜紅龕集（全二册）
南雷文定
桴亭先生文集
西河文集（全六册）
曝書亭集
三魚堂文集外集
紀文達公遺集
考槃集文録
復初齋文集
述學
揅經室集（全三册）
劉禮部集
籀廎述林
左盦集

出土文獻

郭店楚墓竹簡十二種校釋
上海博物館藏楚竹書十九種校釋（全二册）
秦漢簡帛木牘十種校釋
武威漢簡儀禮校釋

*合册及分册信息僅限已出版文獻。